GALERIE
DES PEINTRES
LES PLUS CÉLÈBRES.

PARIS. — TYPOGRAPHIE DE FIRMIN DIDOT FRÈRES,
RUE JACOB, 56.

ŒUVRES COMPLÈTES

DE

NICOLAS POUSSIN.

TOME SECOND.

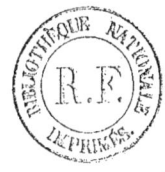

PARIS,

LIBRAIRIE DE FIRMIN DIDOT FRÈRES, ÉDITEURS,

IMPRIMEURS DE L'INSTITUT DE FRANCE,

RUE JACOB, N° 56.

M DCCC XLV.

1849

TABLE DES PLANCHES

DE L'OEUVRE

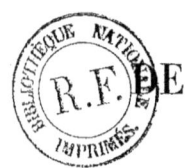

DE NICOLAS POUSSIN.

TOME SECOND.

Pl. 121. Le Conseil des Juifs fait fouetter les Apôtres, ou Paul et Sylas battus de verges.
Pl. 122. Saint Paul et saint Barnabé en présence du proconsul Sergius Paulus, ou Élymas frappé d'aveuglement.
Pl. 123. Le Martyre de saint Érasme.
Pl. 124. Sainte Marguerite.
Pl. 125. Apparition a sainte Françoise.
Pl. 126. Miracle de saint François Xavier au Japon.
Pl. 127. Le Martyre de sainte Cécile.
Pl. 128. Le Père Éternel porté par les Anges.

HISTOIRE ANCIENNE.

Pl. 129. Achille reconnu par Ulysse.
Pl. 130. Achille a scyros.
Pl. 131. Thésée découvre les signes de sa naissance.
Pl. 132. Testament d'Eudamidas.
Pl. 133. Le jeune Pyrrhus transporté a Mégare.
Pl. 134. Sacrifice près d'un Mausolée.
Pl. 135. Rémus et Romulus.
Pl. 136. L'Enlèvement des Sabines.
Pl. 137. L'Enlèvement des Sabines. *
Pl. 138. La Colère de Coriolan.
Pl. 139. Chatiment du maître d'école de la ville des Falisques.
Pl. 140. Frontispice pour les OEuvres d'Horace.
Pl. 141. Frontispice des OEuvres de Virgile.
Pl. 142. La mort de Germanicus.
Pl. 143. Continence de Scipion.
Pl. 144. La Charité romaine. — Ecce Homo.
Pl. 145. Philémon meurt de rire en voyant un ane manger des figues.

MYTHOLOGIE.

Pl. 146. Le Parnasse.
Pl. 147. Jupiter nourri par les Nymphes.
Pl. 148. Jupiter et Calysto.
Pl. 149. Jupiter et Antiope.
Pl. 150. Léda.
Pl. 151. Apollon et Daphné.
Pl. 152. Daphné changée en laurier.
Pl. 153. Venus, l'Amour, Bacchus et Mercure dansent au son de la lyre d'Apollon, ou Apollon fait danser les quatre Saisons.
Pl. 154. Vénus et Adonis. *
Pl. 155. Vénus et Adonis.
Pl. 156. Vénus et Adonis. *.*
Pl. 157. Vénus et Mercure.
Pl. 158. Mars et Vénus.
Pl. 159. Mars et Vénus. *
Pl. 160. Vénus et l'Amour.
Pl. 161. Vénus apporte les armes a Énée.
Pl. 162. Vénus apporte les armes a Énée. *
Pl. 163. Naissance de Bacchus.
Pl. 164. Éducation de Bacchus.
Pl. 165. Éducation de Bacchus, * ou Jupiter nourri par les Nymphes. *
Pl. 166. Bacchanale, *.* ou Triomphe de Bacchus et d'Ariane.
Pl. 167. Bacchanale. *
Pl. 168. Bacchanale, ** ou Fête de Bacchus.
Pl. 169. Bacchanale.
Pl. 170. Nymphe jouant avec un Faune.
Pl. 171. Nymphe avec un Faune.
Pl. 172. Nymphe endormie surprise par des Satyres.
Pl. 173. Danses de Faunes et de Bacchantes.
Pl. 174. Mars et Rhéa Sylvia.

LE POUSSIN.

TABLE DES PLANCHES DE L'OEUVRE DE NICOLAS POUSSIN.

Pl. 175. Hercule entre le vice et la vertu.
Pl. 176. Amours portant les attributs d'Hercule.
Pl. 177. Naissance d'Hercule.
Pl. 178. Hercule se venge des deux Boréades.
Pl. 179. Hébé, fille de Junon et épouse d'Hercule. — Hercule consulte l'Oracle.
Pl. 180. Courses ordonnées par Hercule. — Chiron enseigne a Hercule l'art de monter a cheval.
Pl. 181. Hercule délivre Hésione. — Hercule enlève Hippolyte, reine des Amazones.
Pl. 182. Chiron enseigne a Hercule a tirer de l'arc. — Hercule punit Diomède et Busiris.
Pl. 183. Hercule combat les Géants qui faisaient la guerre aux Dieux. — Mort d'Antée aux colonnes de Libye.
Pl. 184. Hercule porte le ciel pour soulager Atlas. — Hercule étrangle le Lion de Néméé.
Pl. 185. Hercule terrasse l'Ignorance et l'Envie.
Pl. 186. Hercule enlève une nymphe.
Pl. 187. Phaeton demande a Apollon la conduite de son char.
Pl. 188. Le Triomphe de Flore.
Pl. 189. L'Empire de Flore.
Pl. 190. Triomphe de Neptune.
Pl. 191. Polyphème.
Pl. 192. Nymphes au bain.
Pl. 193. Narcisse.
Pl. 194. Narcisse changé en fleur.
Pl. 195. Jeux d'Amours et Néréides.
Pl. 196. Les Nymphes des Hespérides.

ALLÉGORIES ET SUJETS DIVERS.

Pl. 197. Les Bergers d'Arcadie.
Pl. 198. L'Arcadie.
Pl. 199. Image de la vie humaine.
Pl. 200. Le Temps arrachant la Vérité a l'Envie et a la Discorde.
Pl. 201. Le Temps préservant la Vérité des atteintes de l'Envie et de la Discorde.
Pl. 202. Renaud et Armide.
Pl. 203. Renaud et Armide. *
Pl. 204. Armide enlève Renaud endormi.
Pl. 205. Tancrède secouru par Herminie.

PAYSAGES.

Pl. 206. Le Paradis terrestre, ou le Printemps.
Pl. 207. Booz et Ruth, ou L'Été.
Pl. 208. La Grappe de la terre promise, ou L'Automne.
Pl. 209. Le Déluge, ou l'Hiver.
Pl. 210. Phocion porté hors la ville d'Athènes.
Pl. 211. Paysage. *** Le tombeau de Phocion.
Pl. 212. Diogène se promenant dans les environs d'Athènes.
Pl. 213. La mort d'Euricide.
Pl. 214. Paysage. (***)
Pl. 215. Paysage. *** Mort de Pyrame et Thisbé. Orage.
Pl. 216. Paysage. (***) Divers effets d'horreur et d'effroi.
Pl. 217. Paysage. ***
Pl. 218. Paysage. (*)
Pl. 219. Paysage.
Pl. 220. Paysage. *
Pl. 221. Paysage. ***
Pl. 222. Paysage. *
Pl. 223. Le Coup de vent. Paysage.
Pl. 224. Paysage. **
Pl. 225. Désert habité par des Cénobites.
Pl. 226. Fragments de Ruines antiques.
Pl. 227. Paysage.
Pl. 228. Paysage. (**)
Pl. 229. Scène pastorale.
Pl. 230. Jeux d'Enfants.
Pl. 231 à 238. Figures pour le Traité de Peinture de Léonard de Vinci. Huit feuilles.
Pl. 239. Cariatides.

FIN DE LA TABLE DES PLANCHES DU TOME SECOND ET DERNIER.

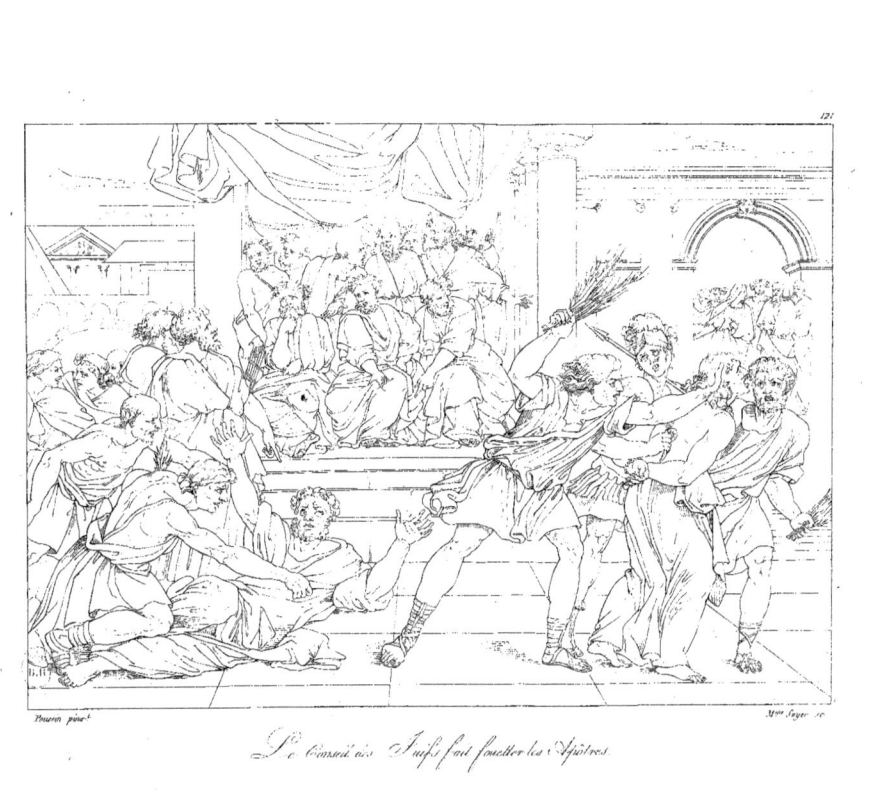

Le Conseil des Juifs fait fouetter les Apôtres.

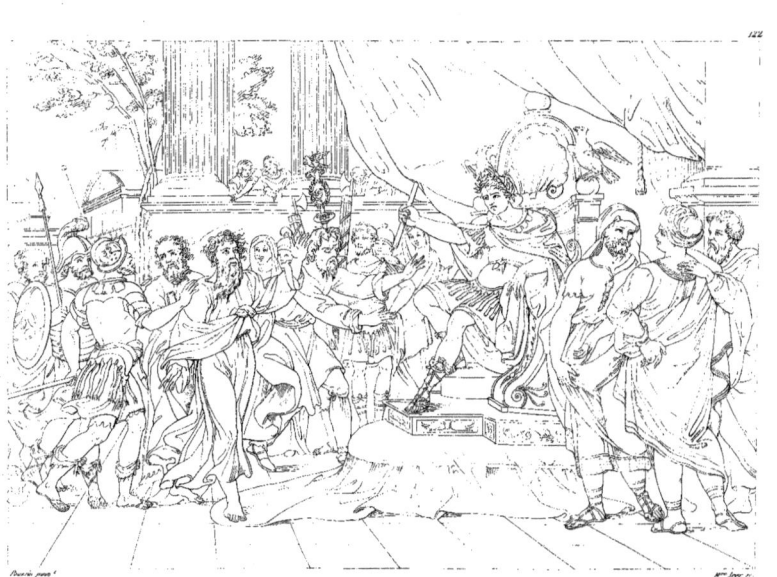

St. Paul et St. Barnabé en présence du proconsul Sergius Paulus.

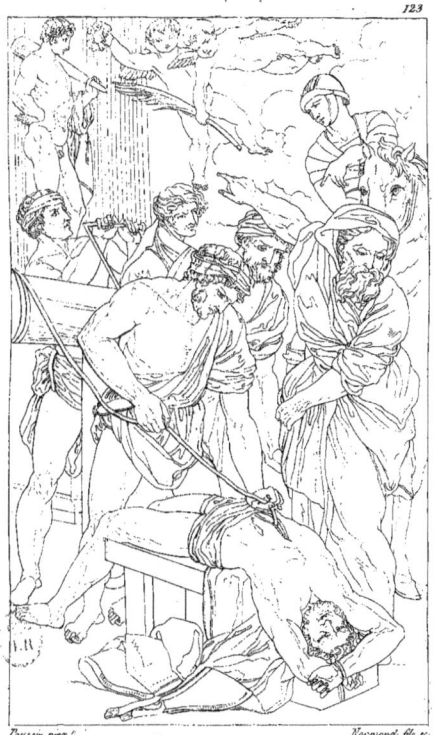

Le Martyre de St. Erasme.

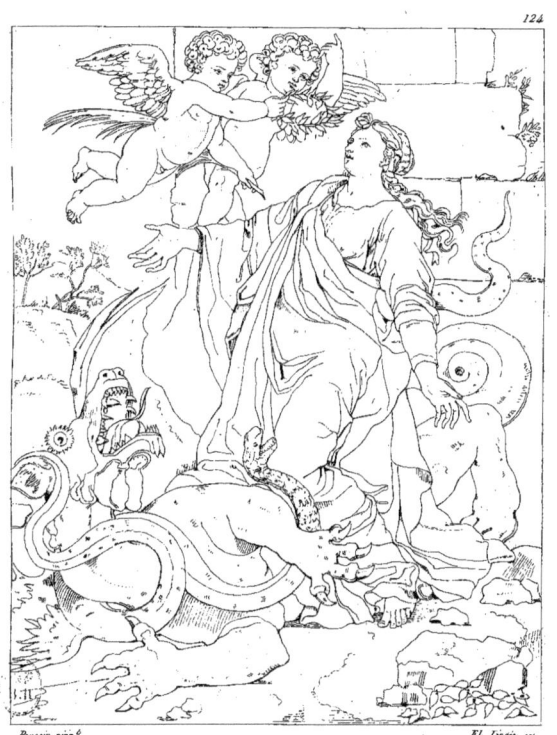

Ste. Marguerite.

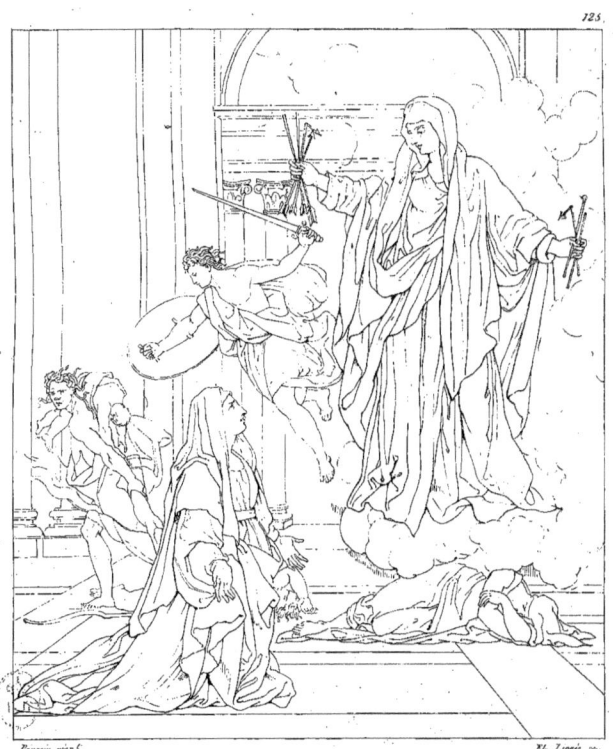

Apparition à S.te Françoise.

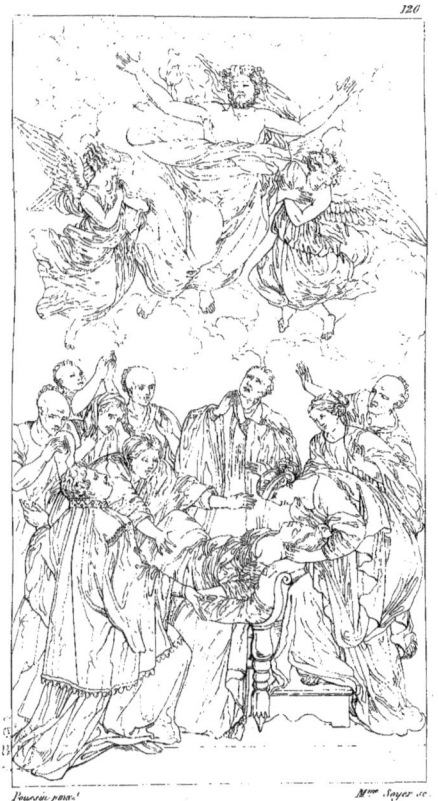

Miracle de St. François Xavier au Japon.

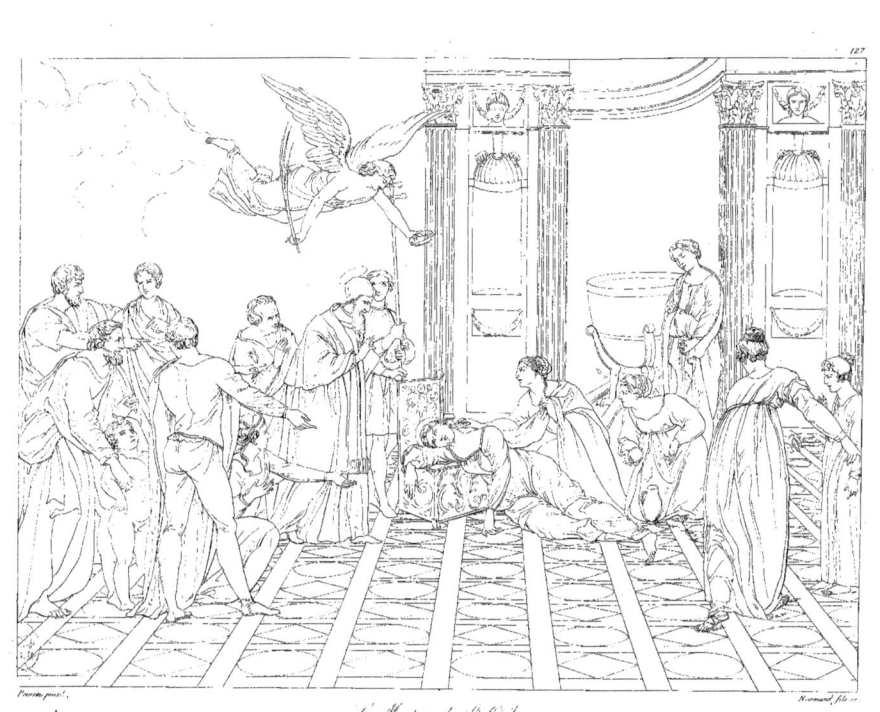

Le Martyre de Ste Cécile.

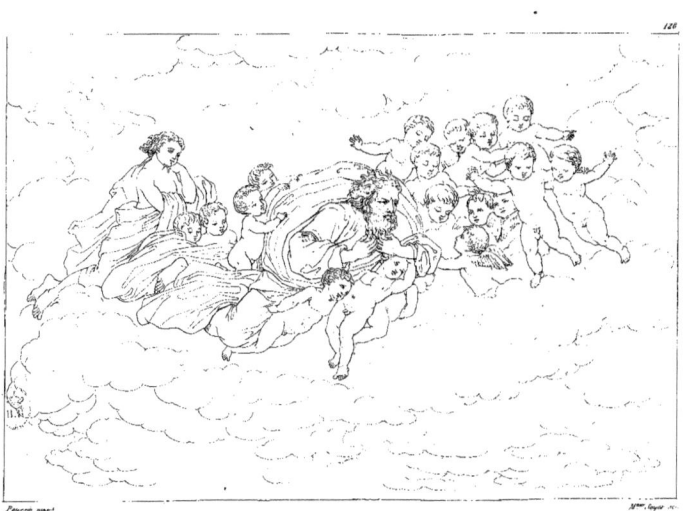

Le Père Eternel porté par les Anges.

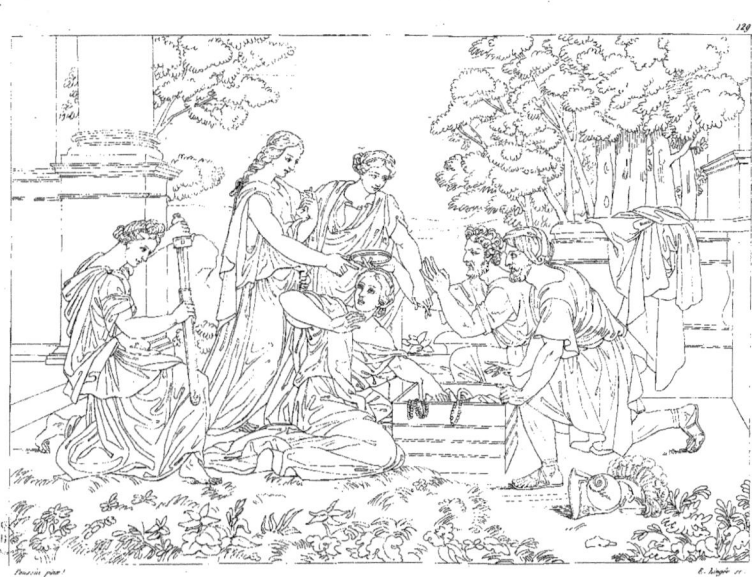

Achille reconnu par Ulysse.

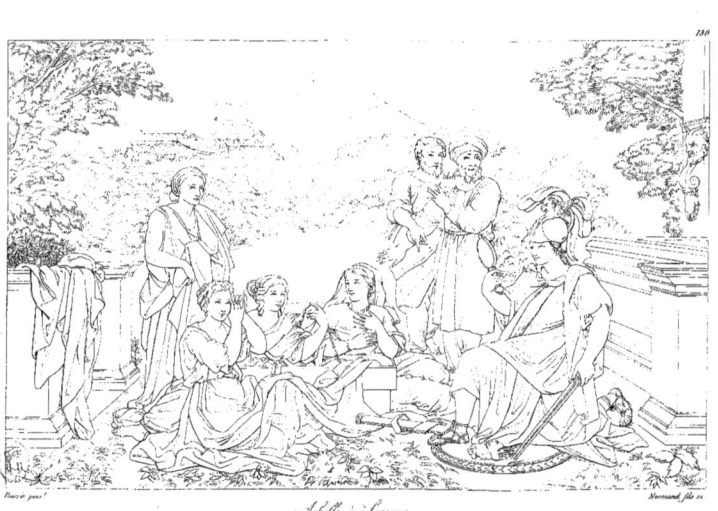

Achille à Scyros.

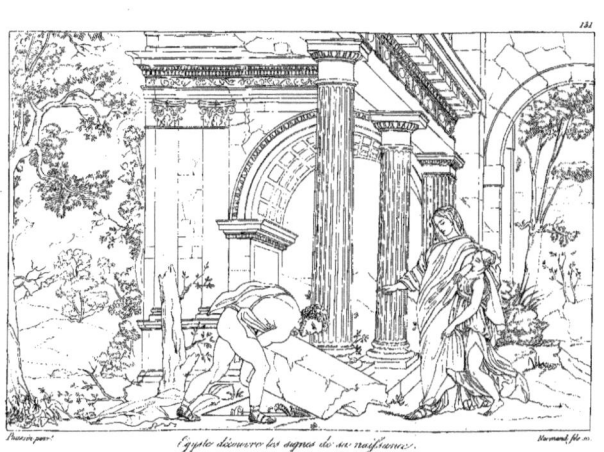

Égypte découvrant les signes de sa naissance.

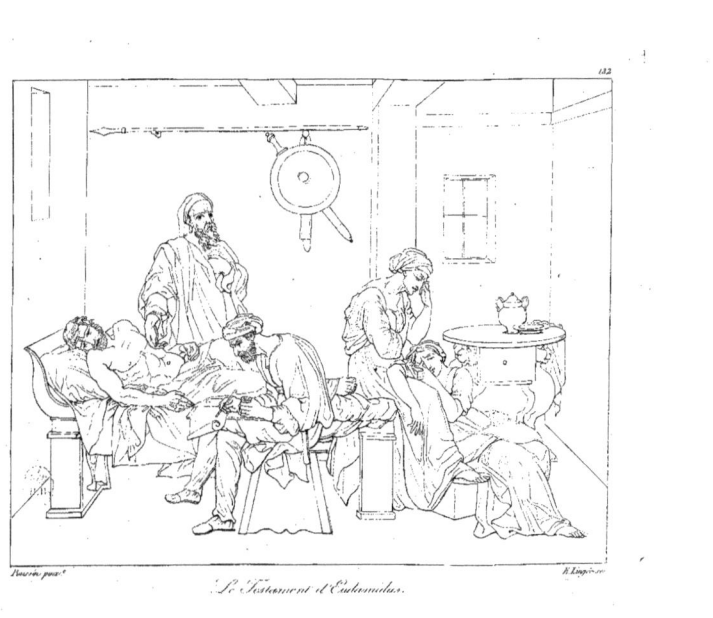

Le Testament d'Eudamidas.

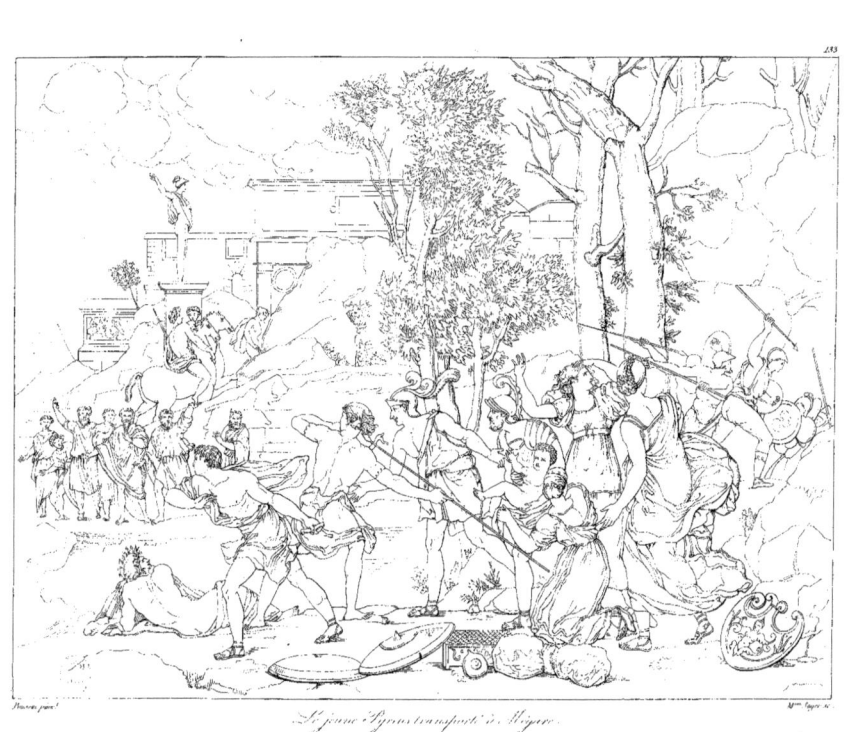

Le jeune Pyrrus transporté à Mégare.

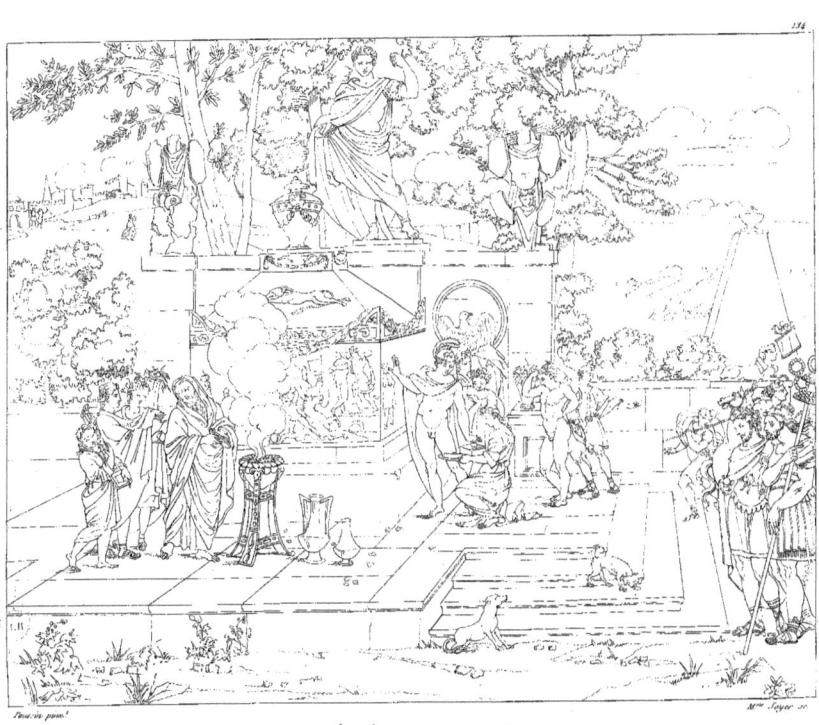

Sacrifice près d'un mausolée.

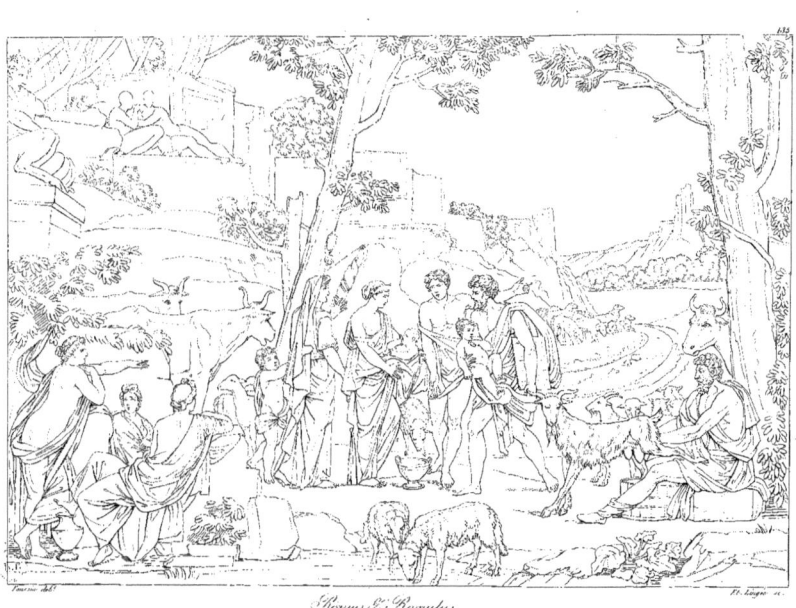

Remus & Romulus.

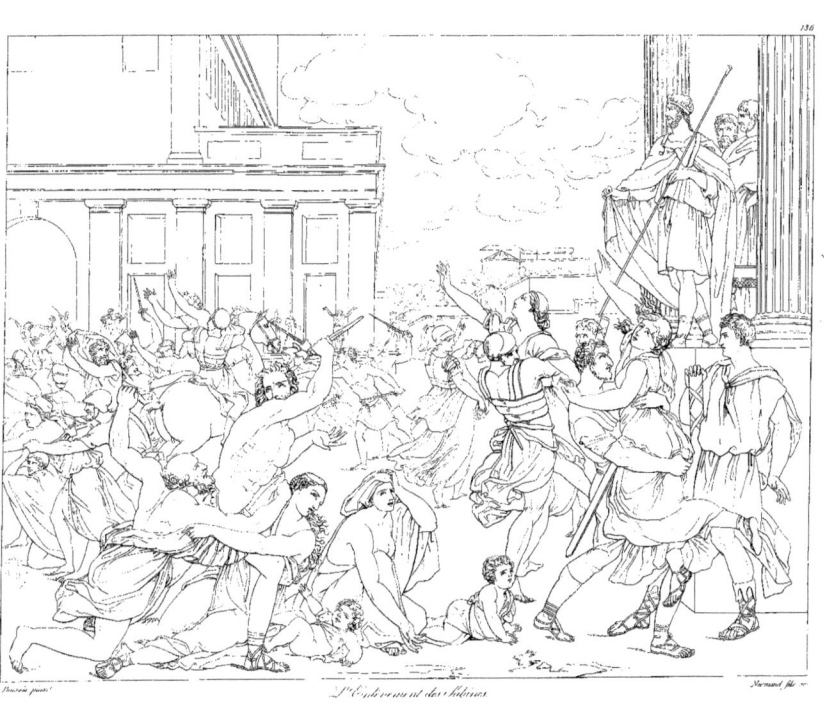

L'Enlèvement des Sabines

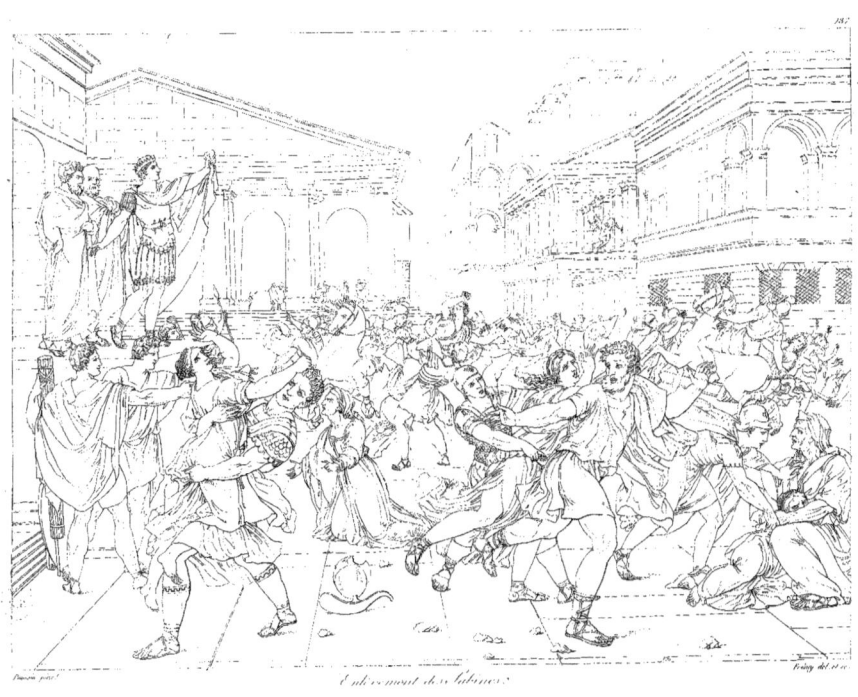

Enlèvement des Sabines.

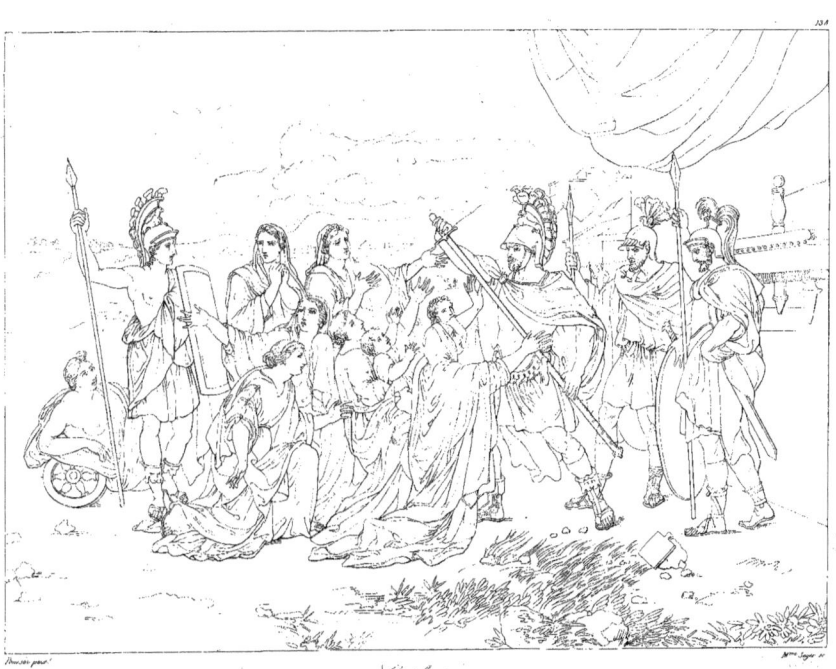

Coriolanus.

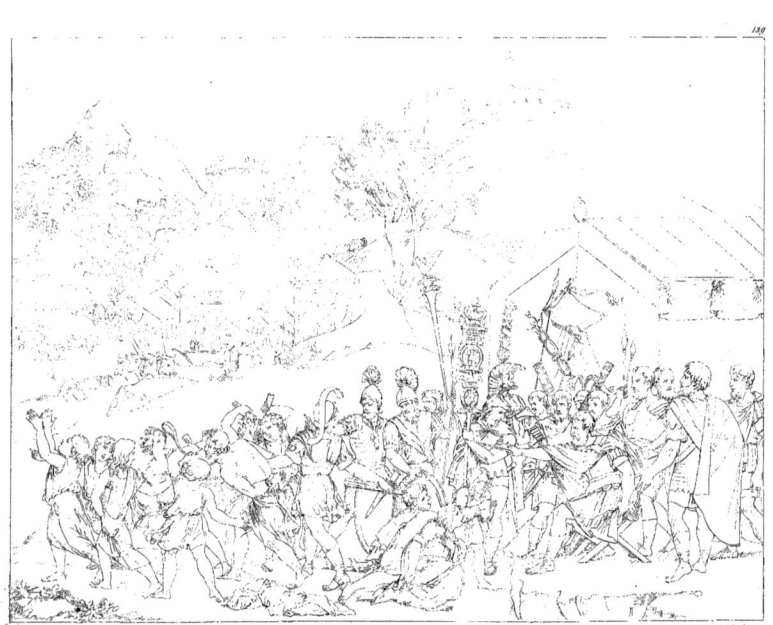

Châtiment du maître d'école de la ville des Falisques.

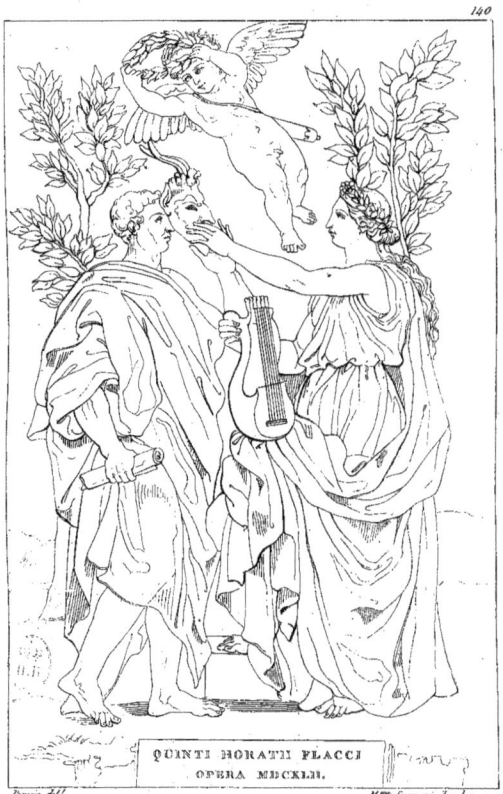

Frontispice pour les œuvres d'Horace.

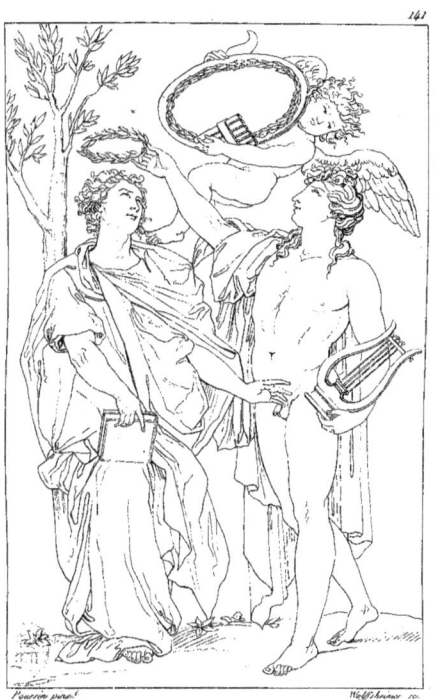

Frontispice des Œuvres de Virgile.

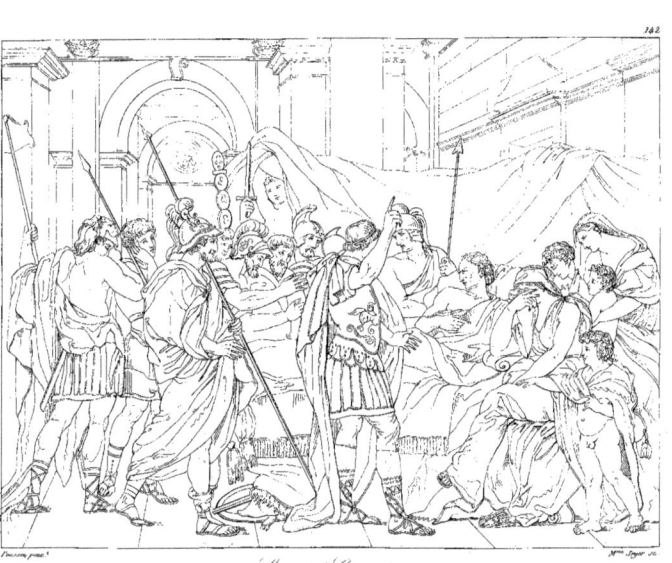

La mort de Germanicus.

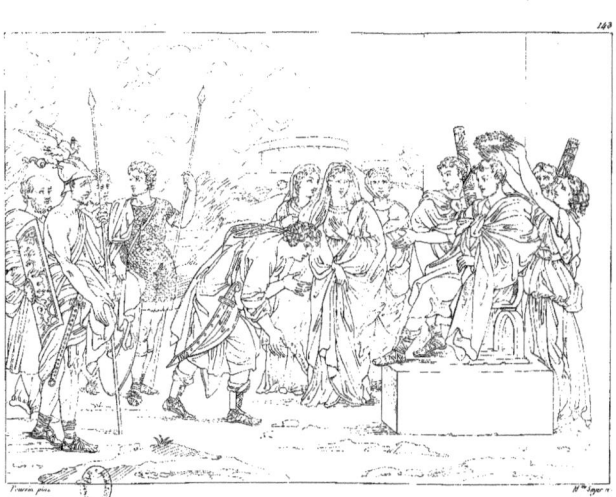

Continence de Scipion.

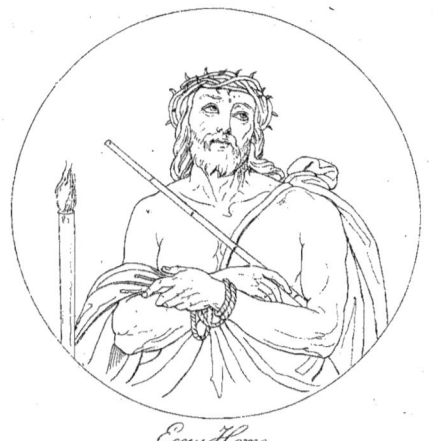

Ecce Homo.

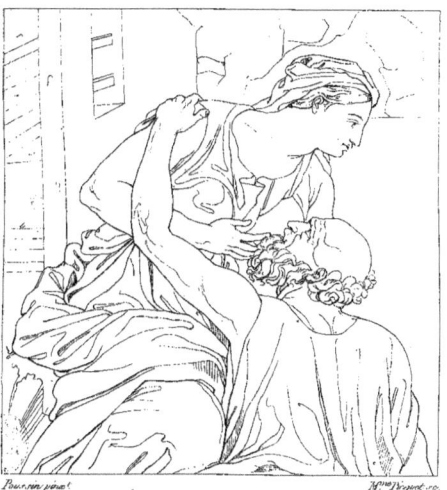

La Charité Romaine.

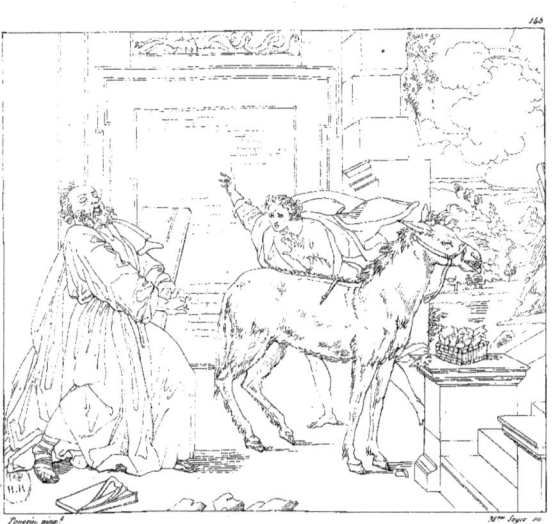

Philemon qui meurt de rire en voyant un âne manger des figues.

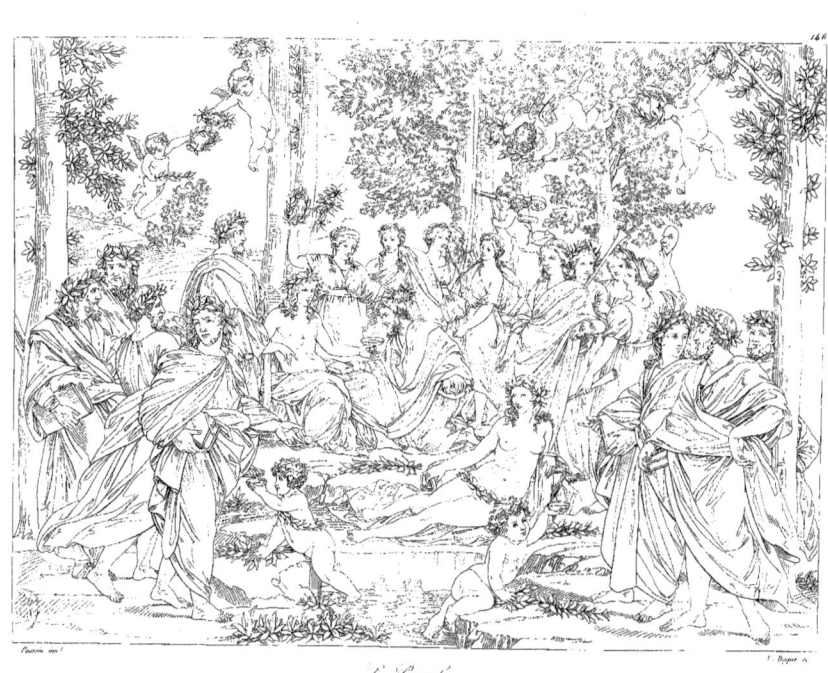

Le Parnasse.

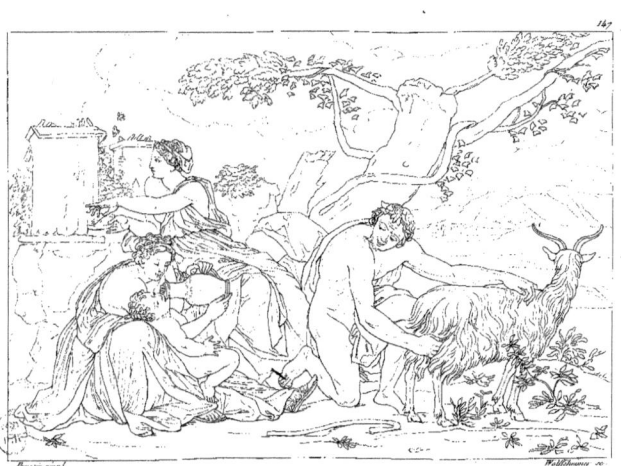

Jupiter nourri par les Nymphes.

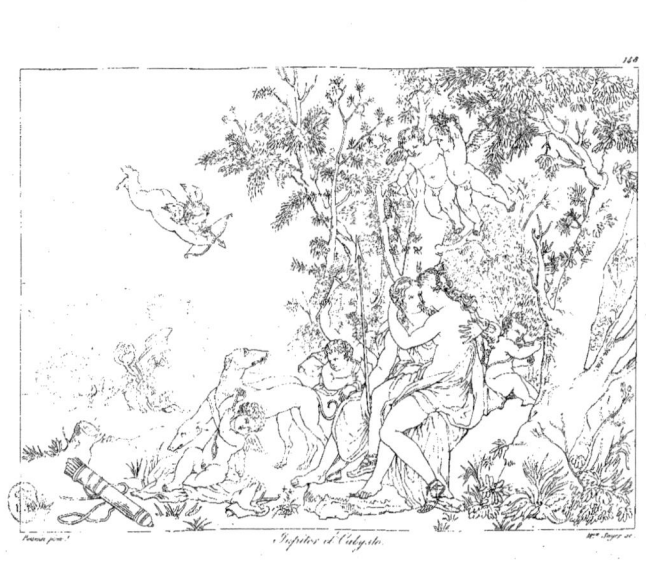

Jupiter et Calysto.

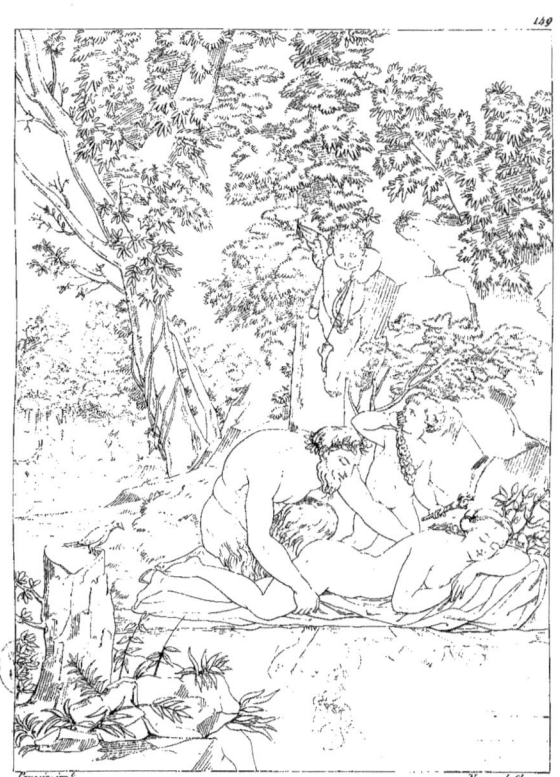

Jupiter & Antiope.

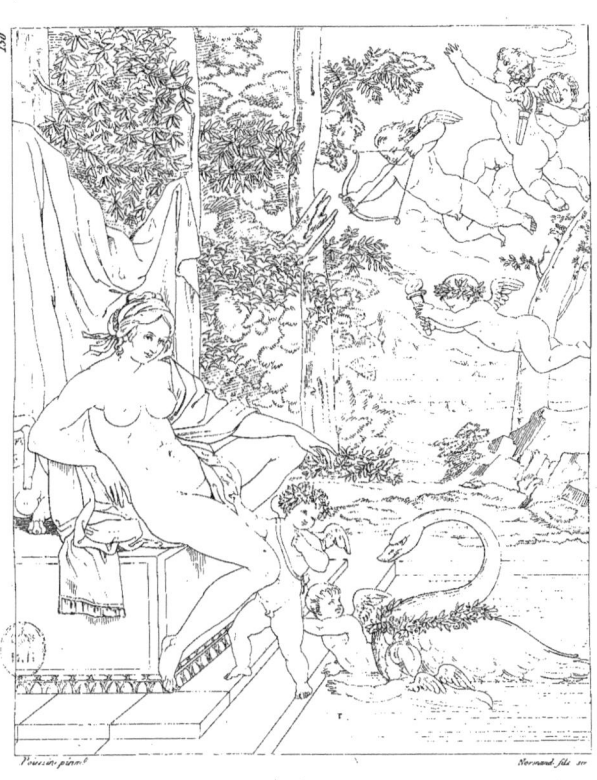

Léda

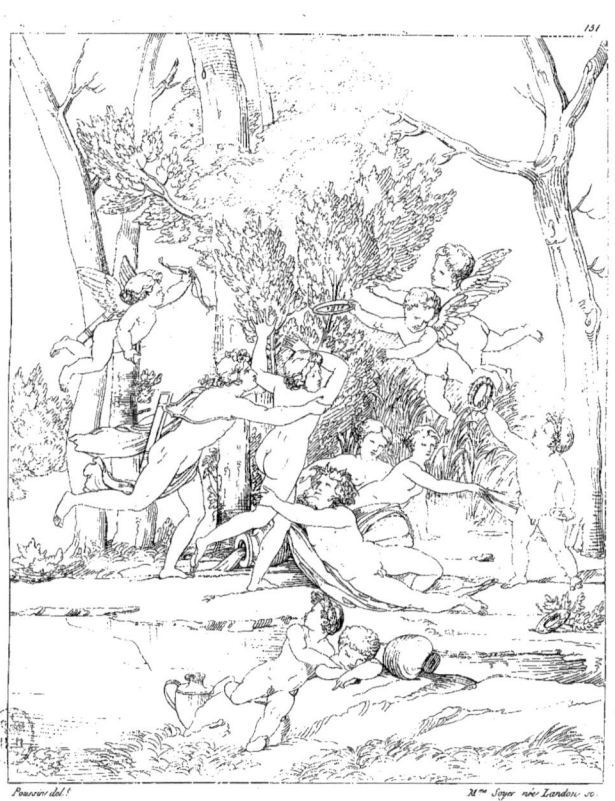

Apollon & Daphné.

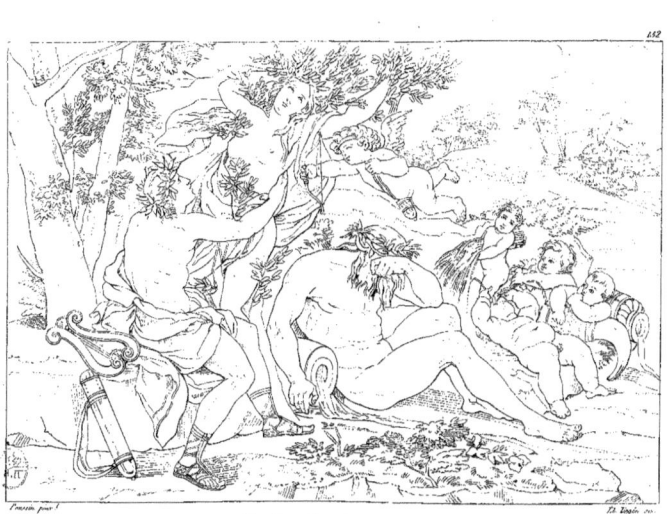

Daphné changé en laurier.

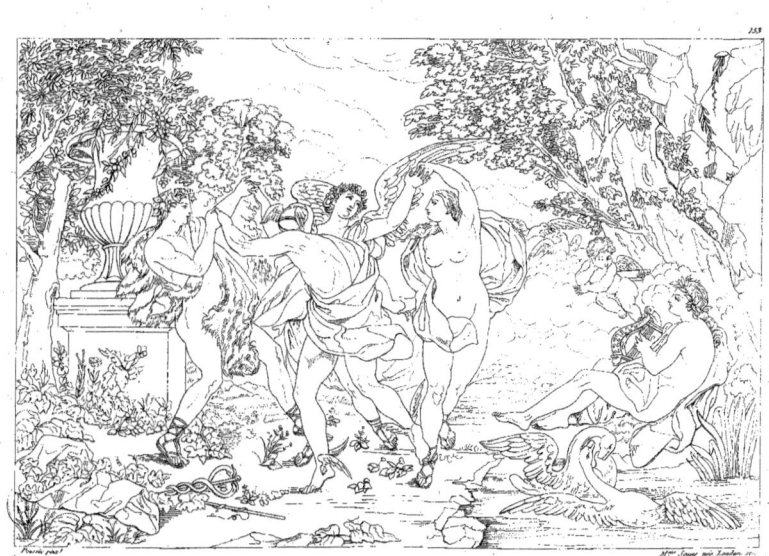

Vénus, l'Amour, Bacchus & Mercure dansant au son de la lyre d'Appollon.

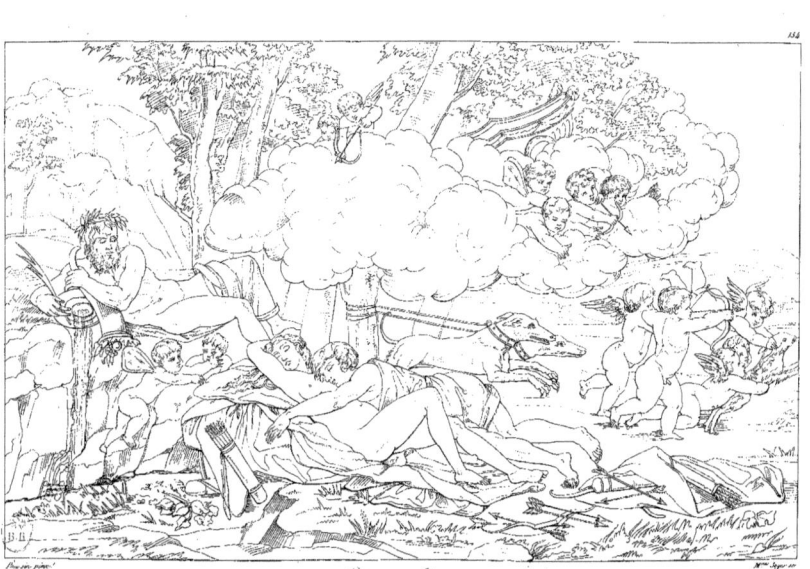

Vénus et Adonis.

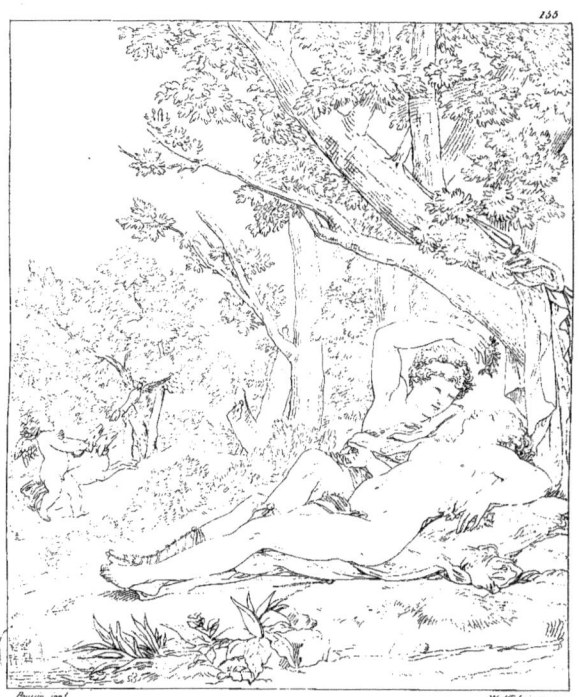

Venus & Adonis.

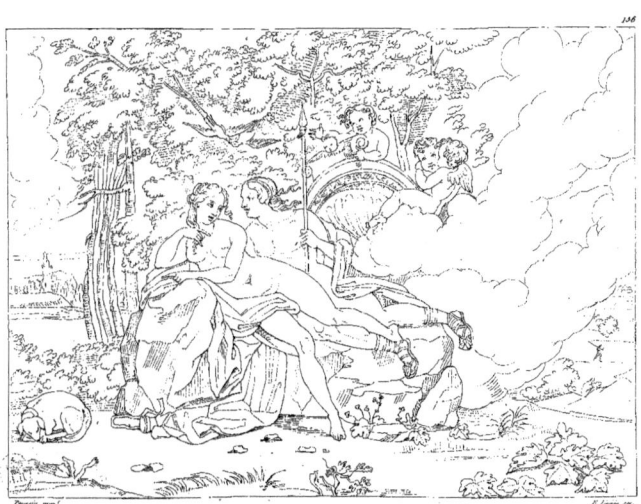

Vénus et Adonis.

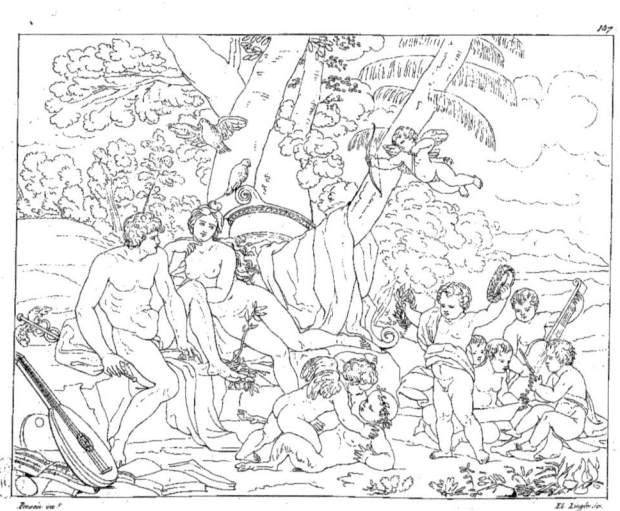

Venus & Mercure.

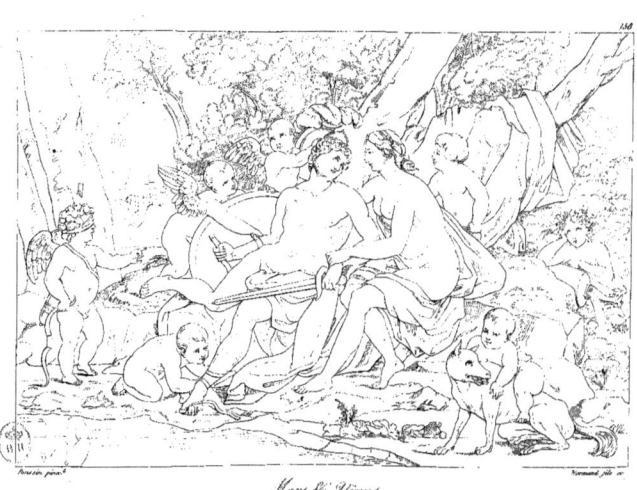

Mars & Venus.

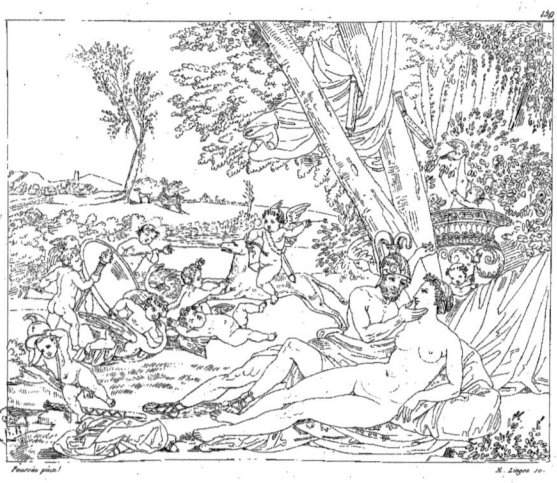

Mars et Vénus.

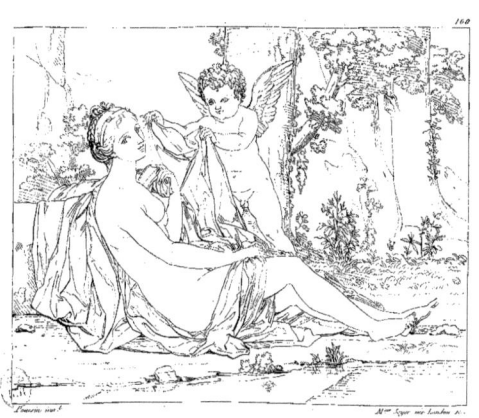

Vénus & l'Amour.

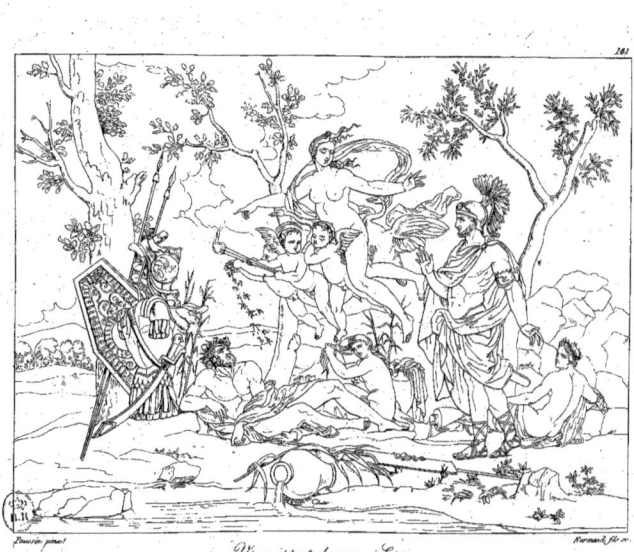

Vénus apporte les armes à Énée.

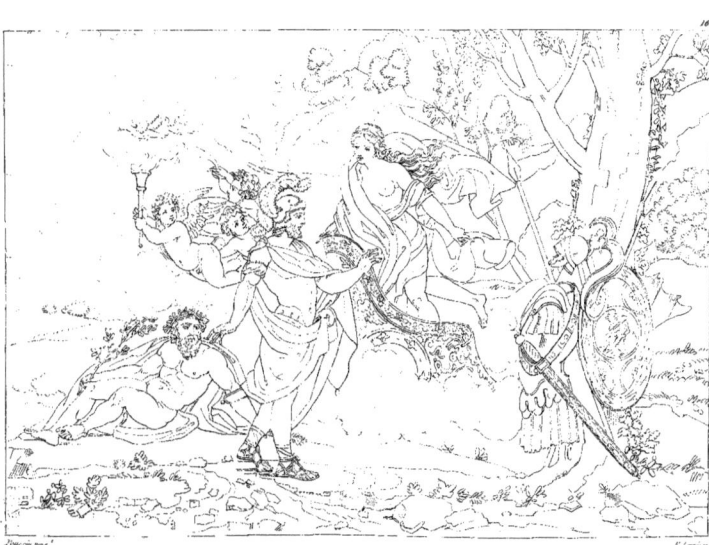

Vénus apporte les armes à Énée.

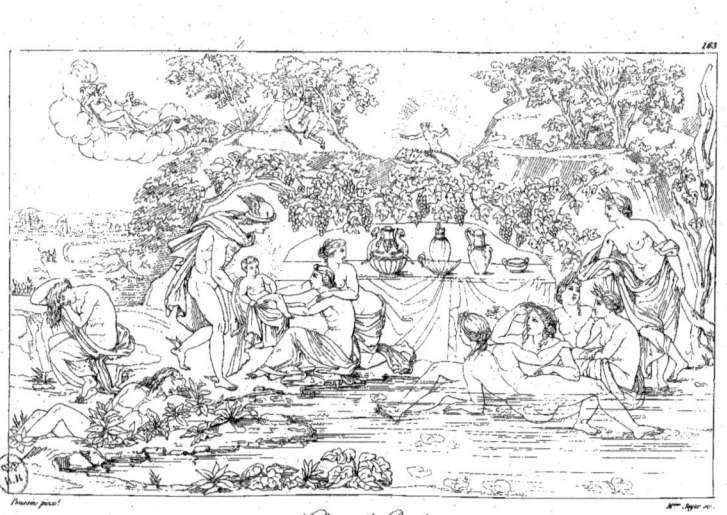

Naissance de Bacchus.

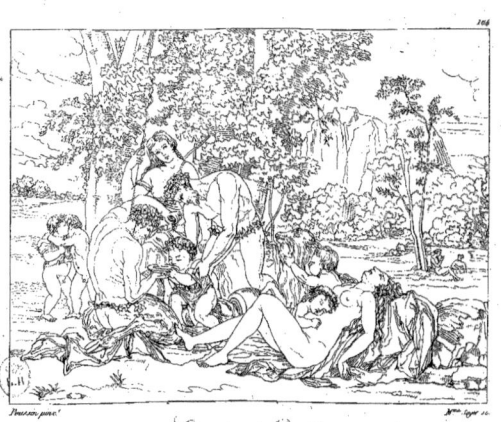

L'éducation de Bacchus.

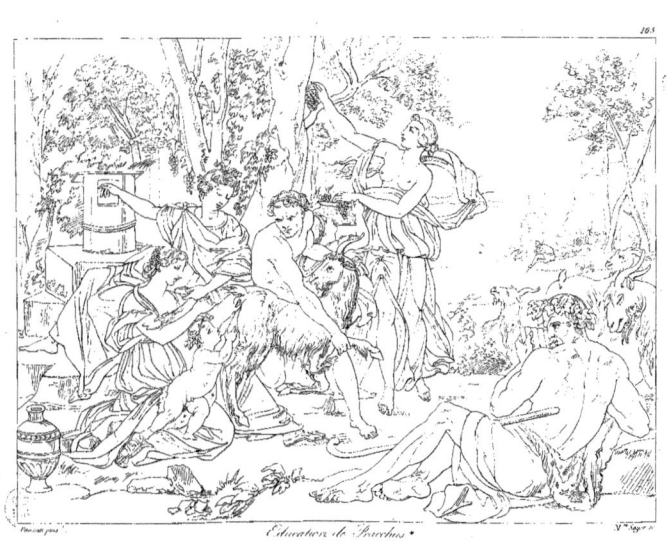

Éducation de Bacchus.

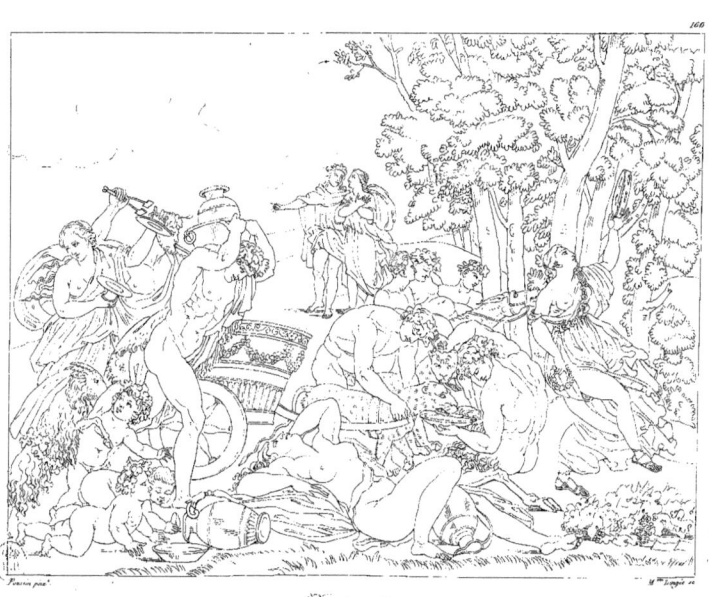

Bacchanale

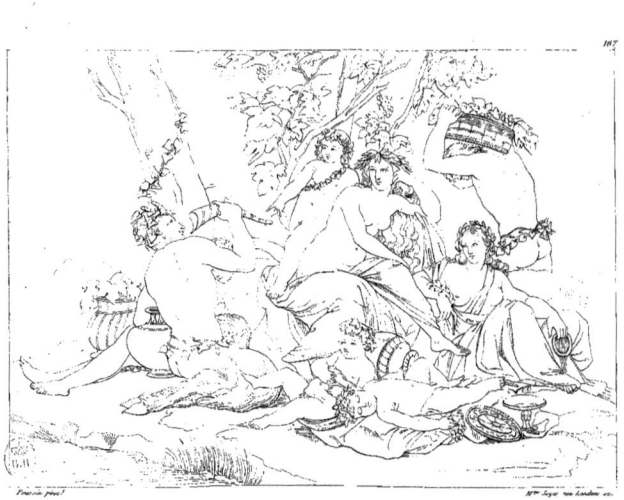

Bacchanale.

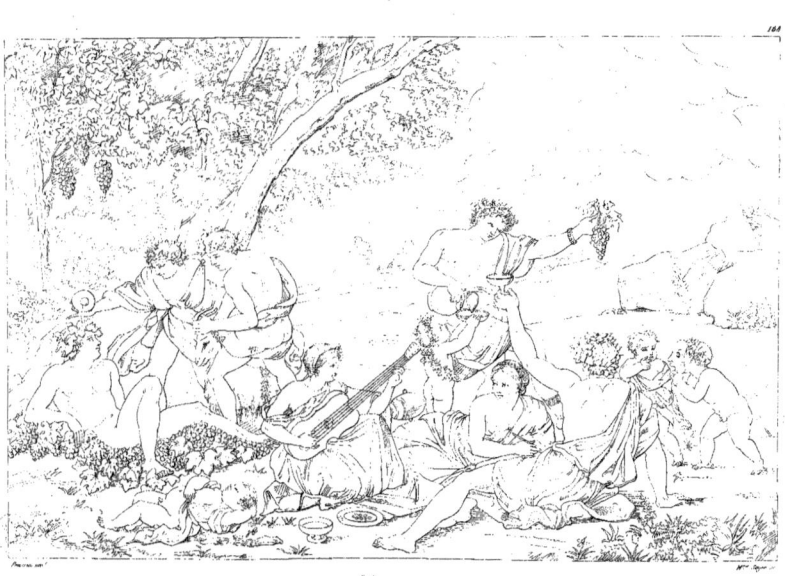

Bacchanale.

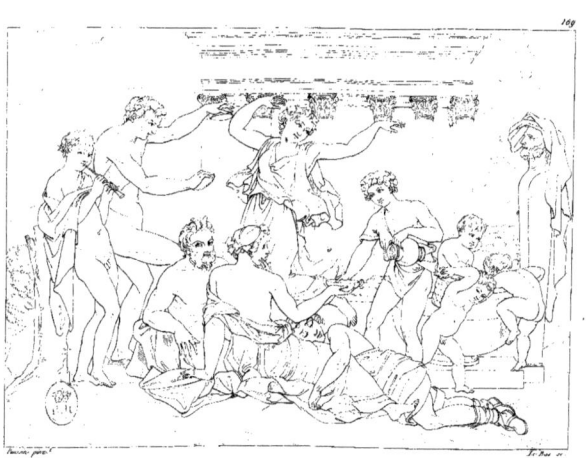

Bacchanale.

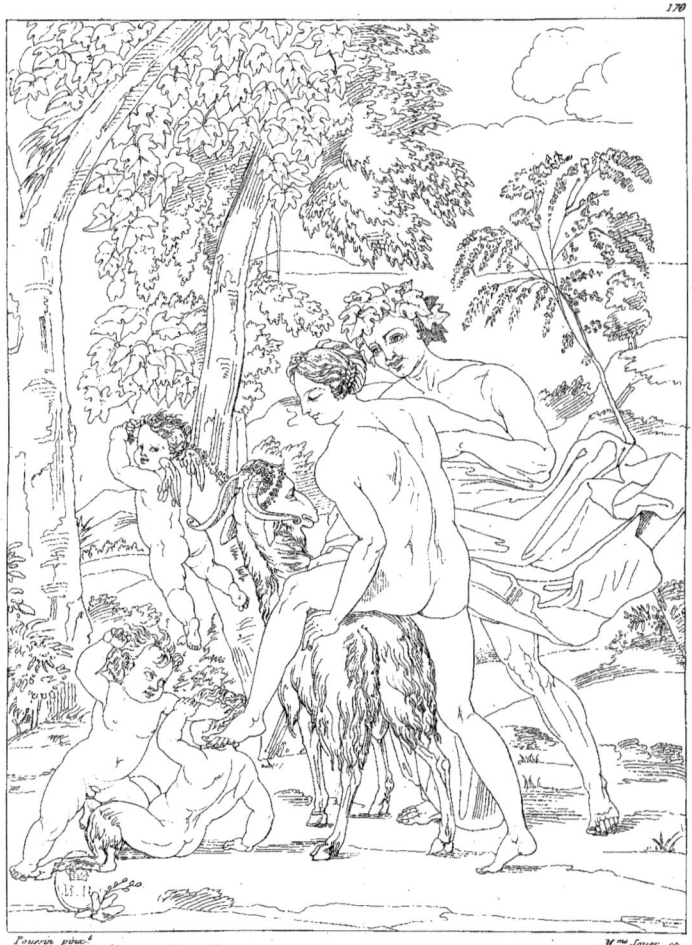

Une Nymphe jouant avec un Faune.

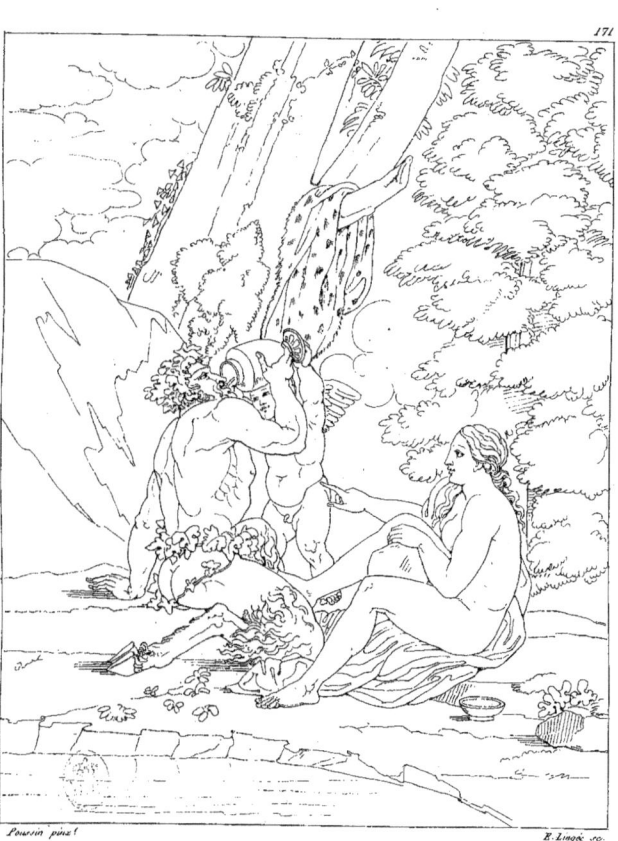

Nymphe avec un Faune.

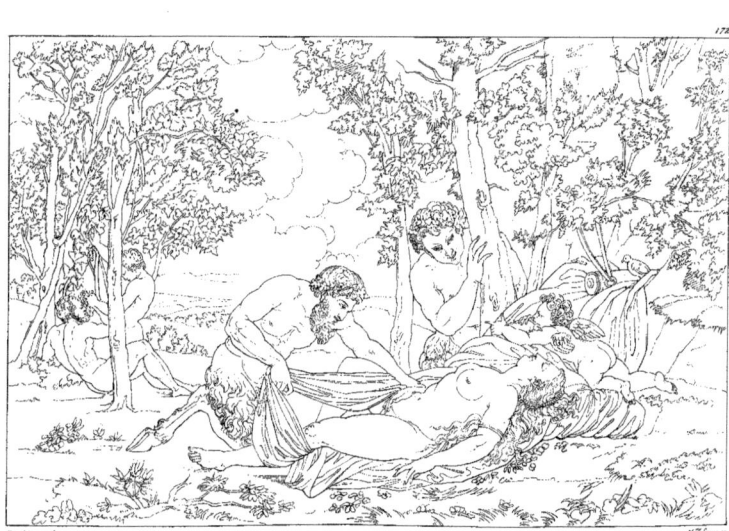

Nymphe endormie surprise par des Satyres.

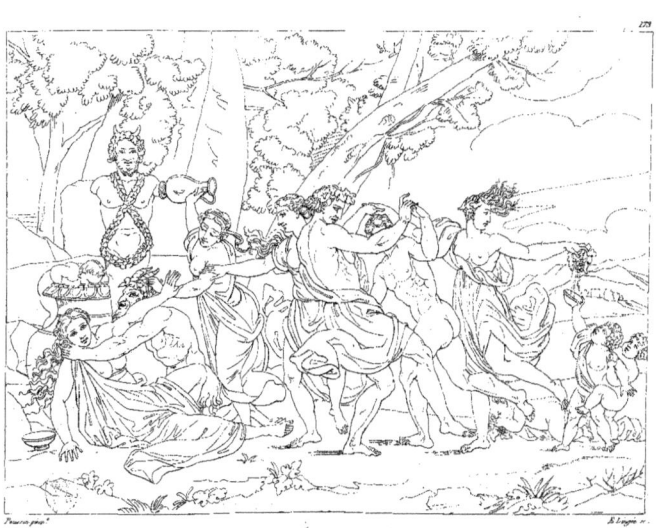

Danses de Faunes et de Bacchantes.

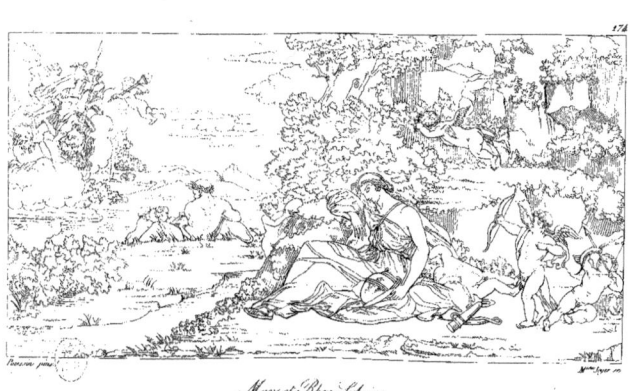

Mars et Rhea Sylvia.

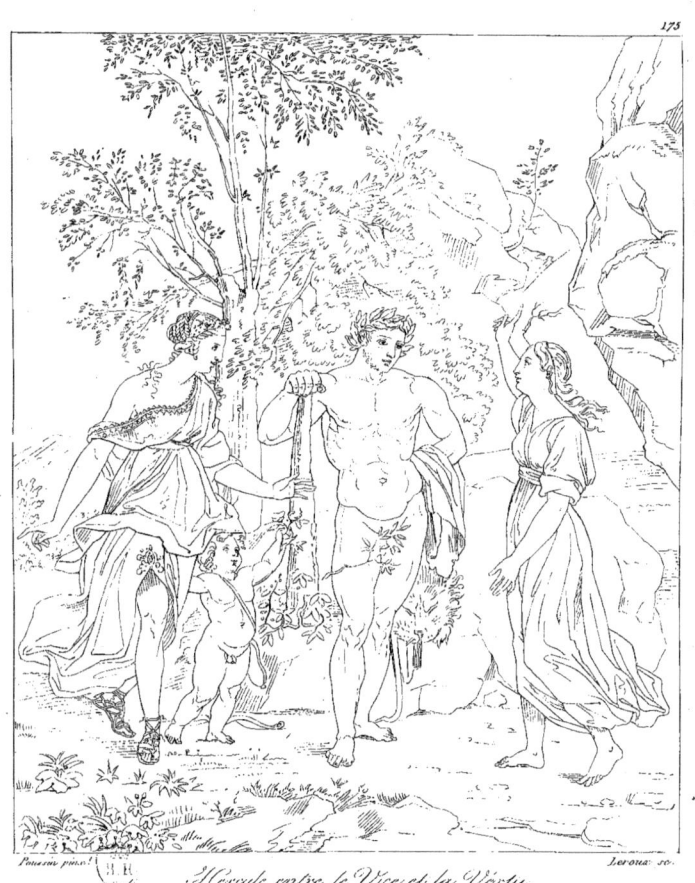

Hercule entre le Vice et la Vertu.

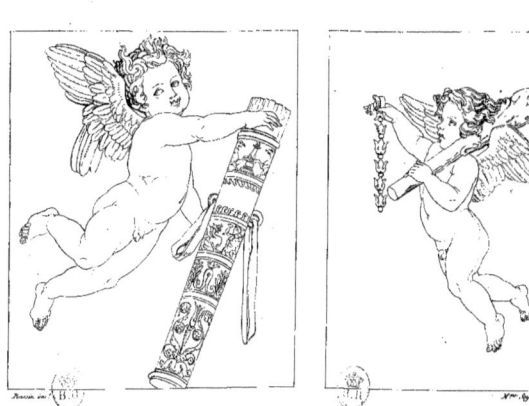

Amours portant les attributs d'Hercule.

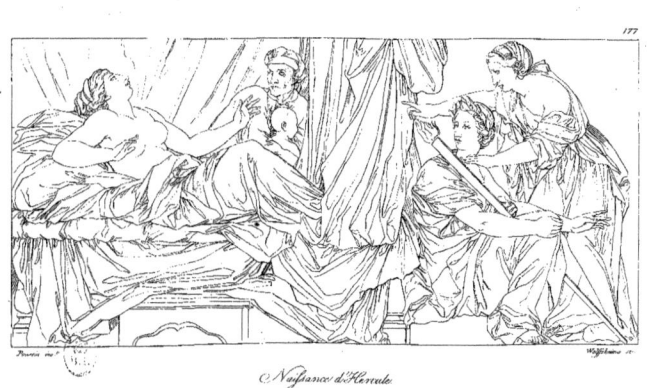

Naissance d'Hercule.

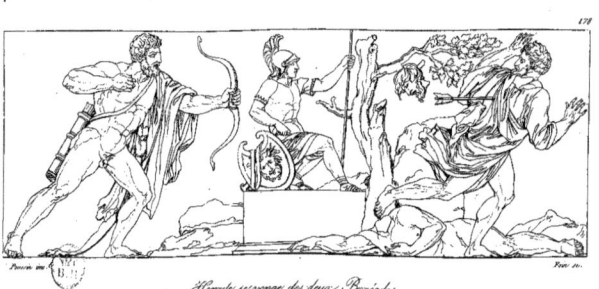

Hercule se venge des deux Boréades.

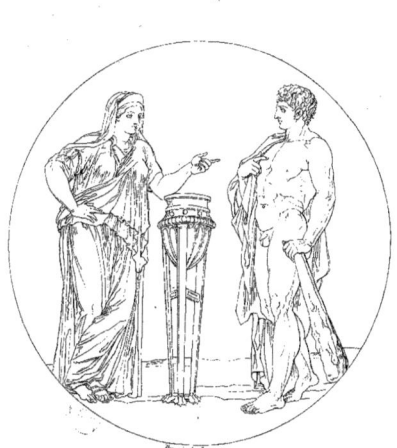
Hercule consulte l'oracle.

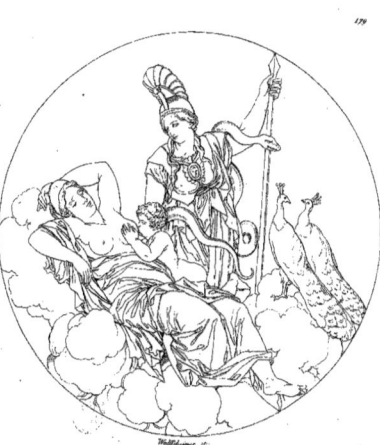
Hébé, fille de Junon & épouse d'Hercule.

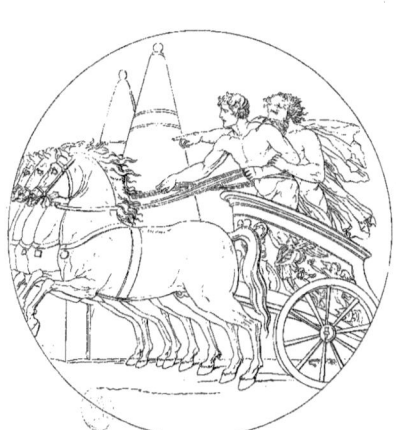
Course ordonnée par Hercule.

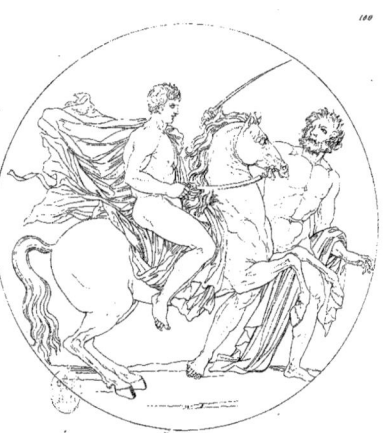
Chiron enseigne à Hercule l'art de monter à cheval.

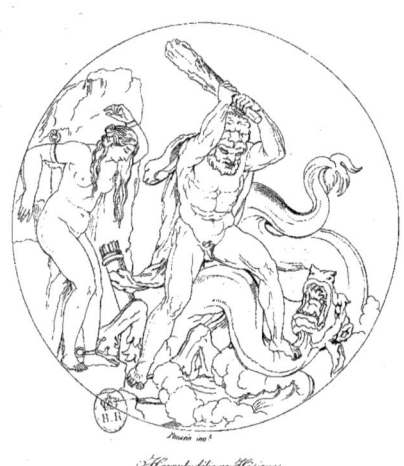

Hercule délivre Hésione.

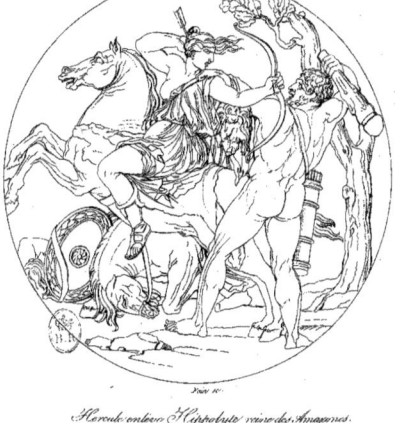

Hercule enlève Hippolyte reine des Amazones.

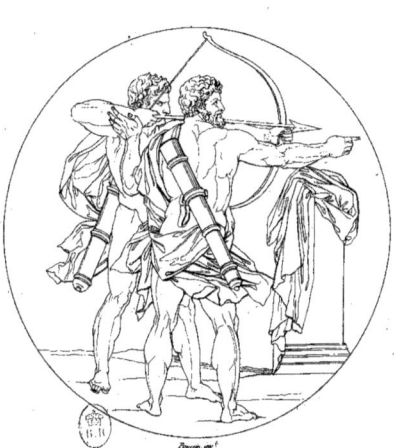

Chiron enseigne à Hercule à tirer de l'arc.

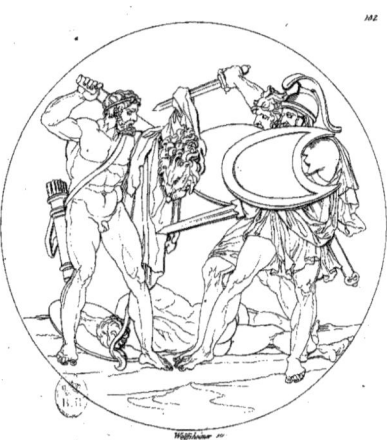

Hercule punit Diomede & Busiris.

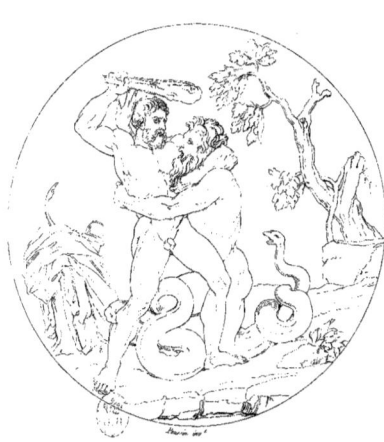
Hercule combat les géants qui faisaient la guerre aux Dieux.

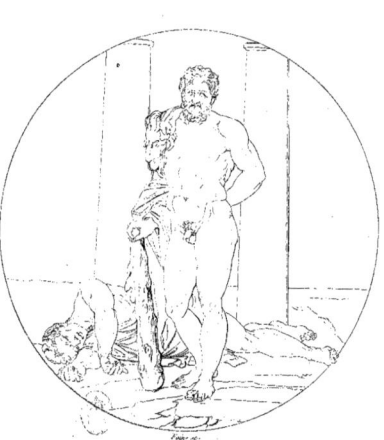
Mort d'Antée aux colonnes de Libis.

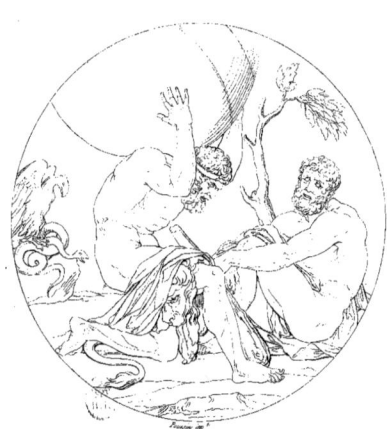
Hercule porte le Ciel pour soulager Atlas.

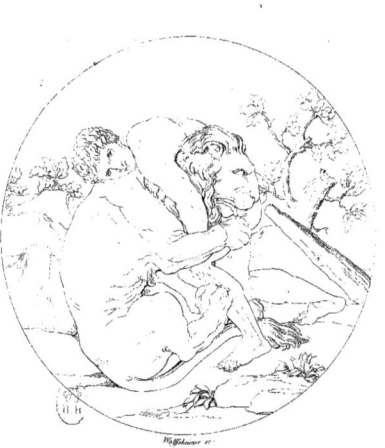
Hercule étrangle le Lion de Némée.

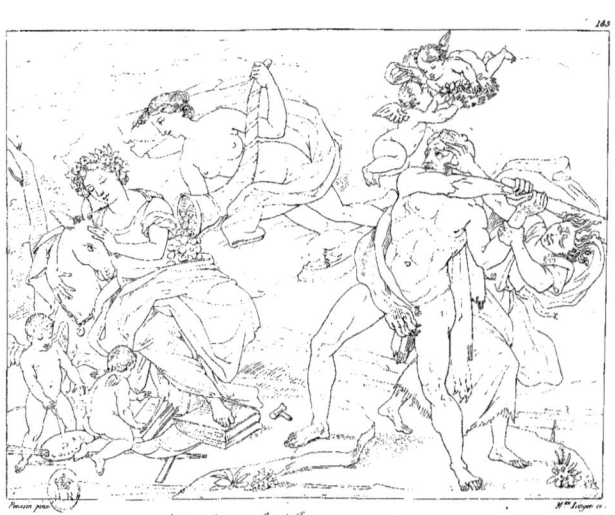

Hercule terrassse l'Ignorance et l'Envie.

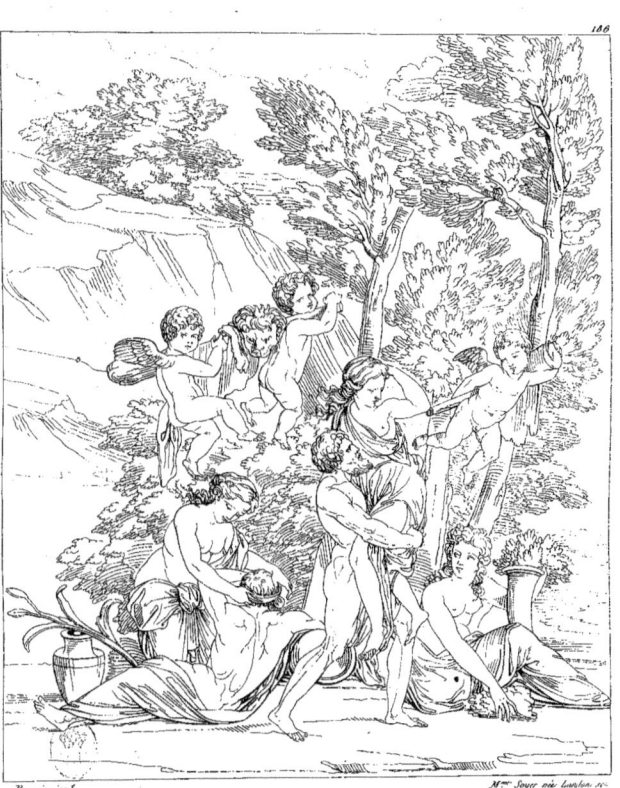

Hercule enleve une Nymphe.

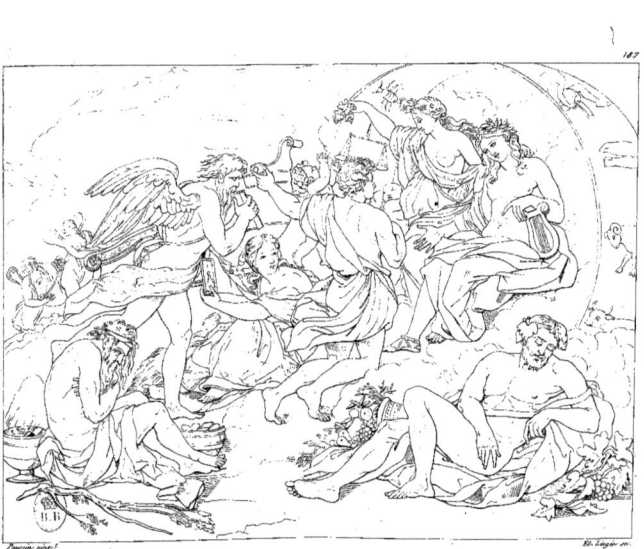

Phaeton demande à Apollon la conduite de son char.

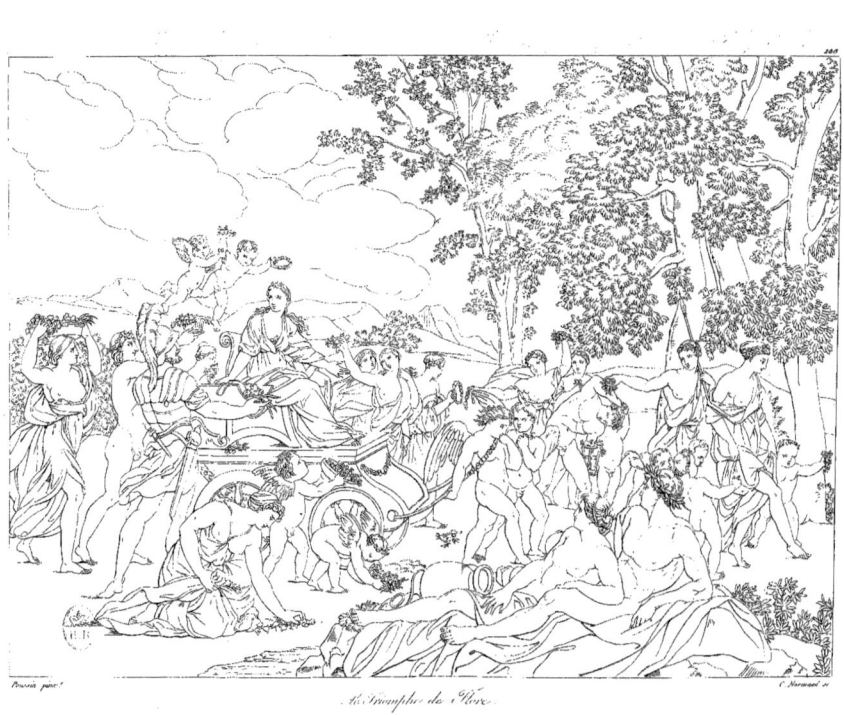

Le Triomphe de Flore.

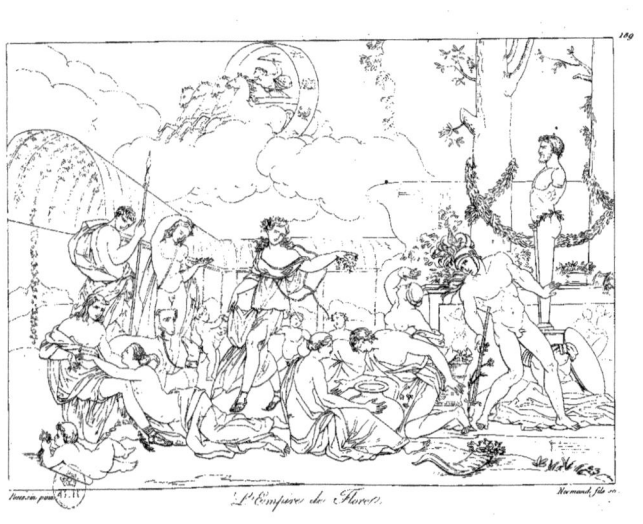

L'Empire de Flore.

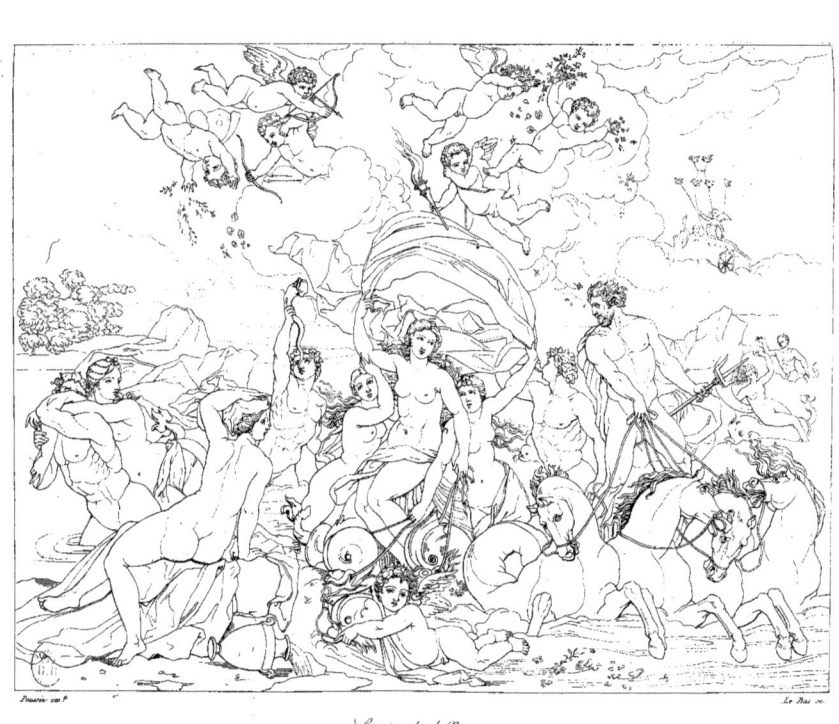

Le triomphe de Neptune.

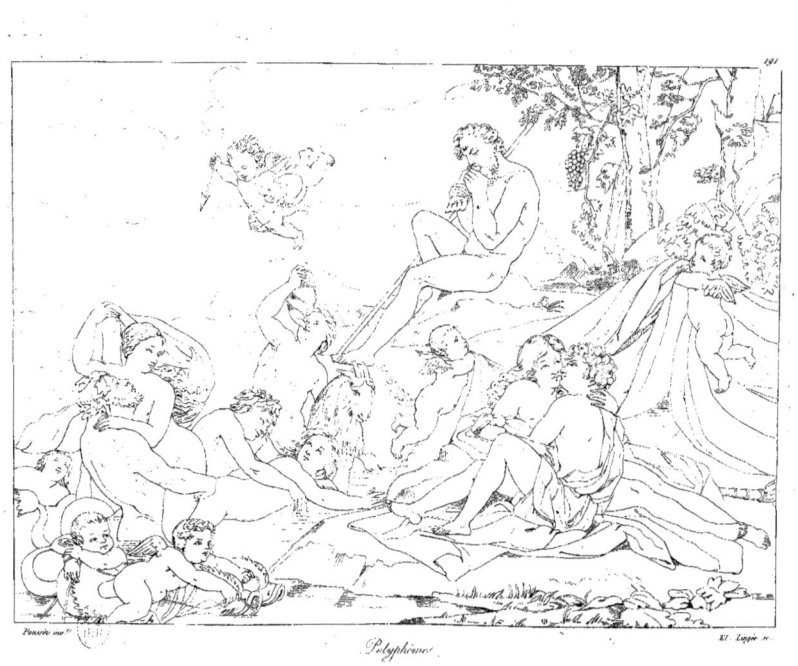

Polyphème

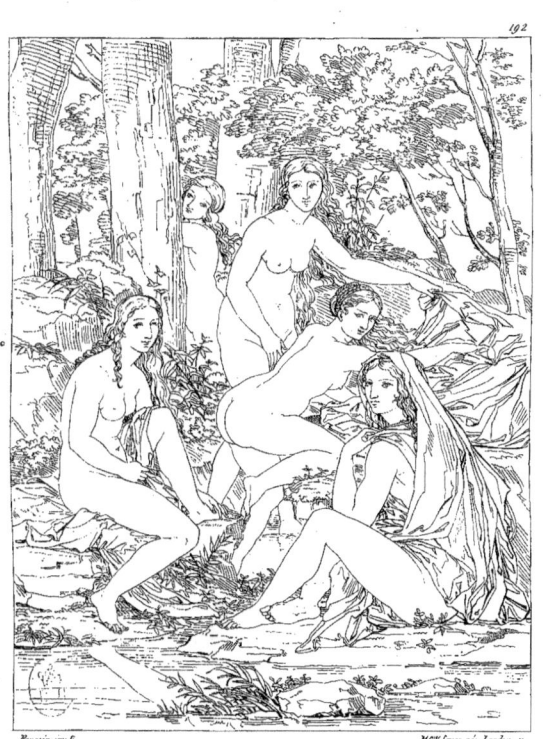

Nymphes au bain.

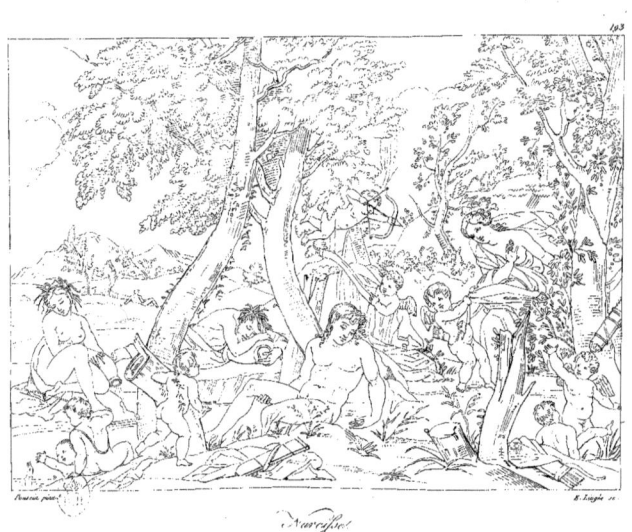

Narcisse.

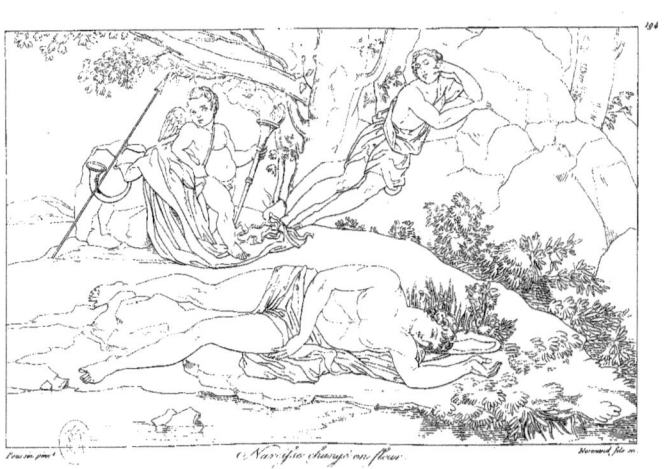

Narcisse changé en fleur.

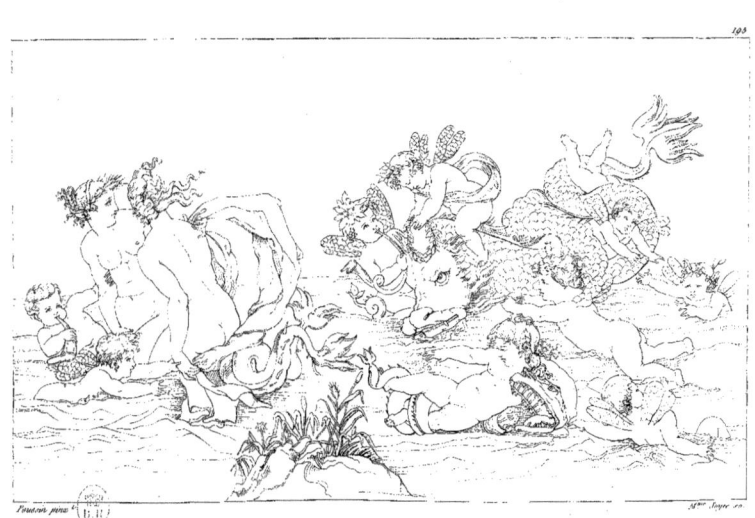

Jeux d'Amours et de Nèrèides.

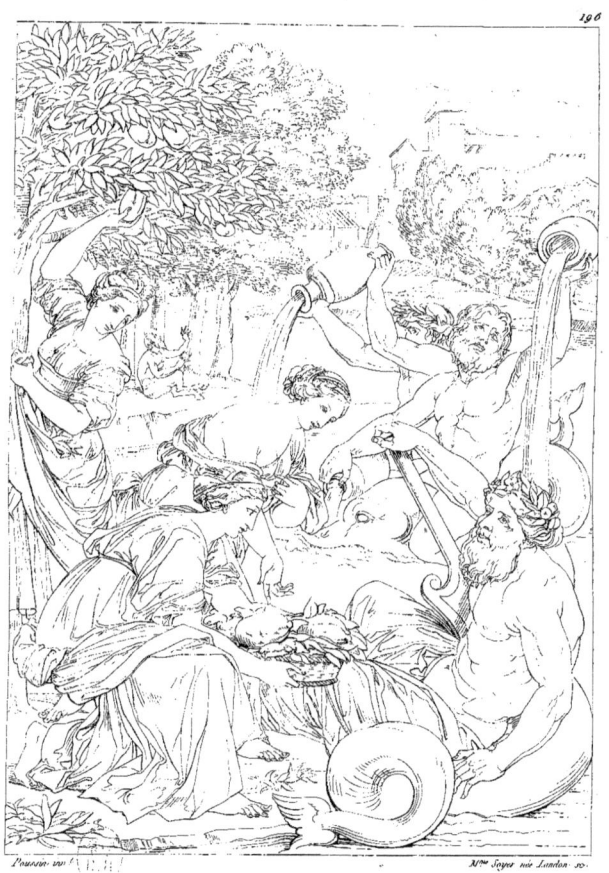

Les Nymphes des Hespérides.

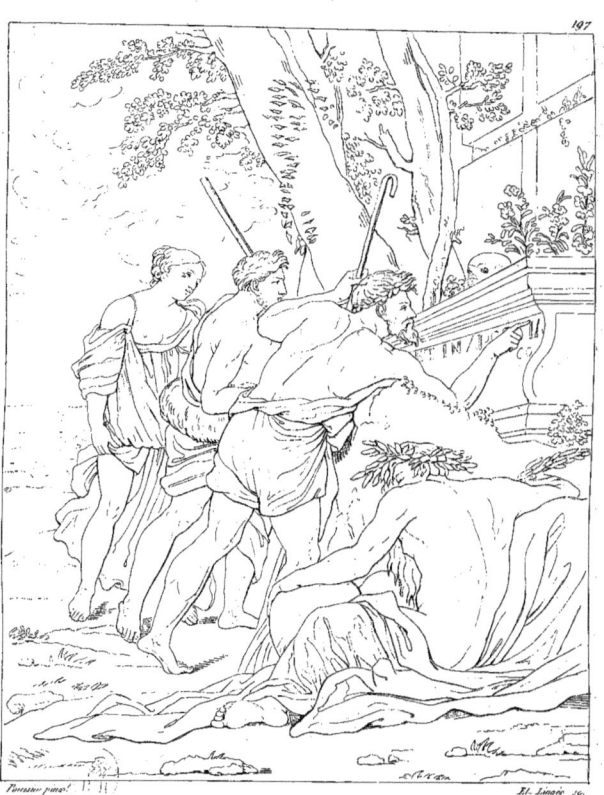

Les Bergers d'Arcadie.

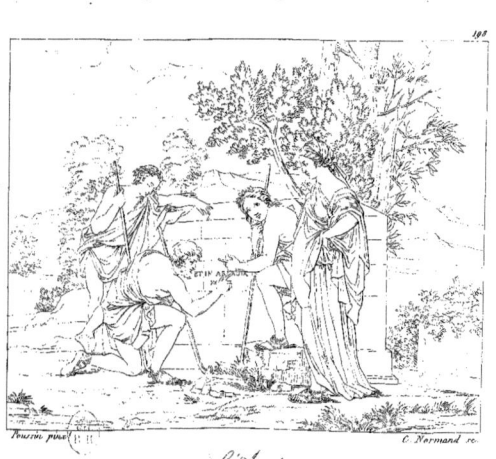

L'Arcadie.

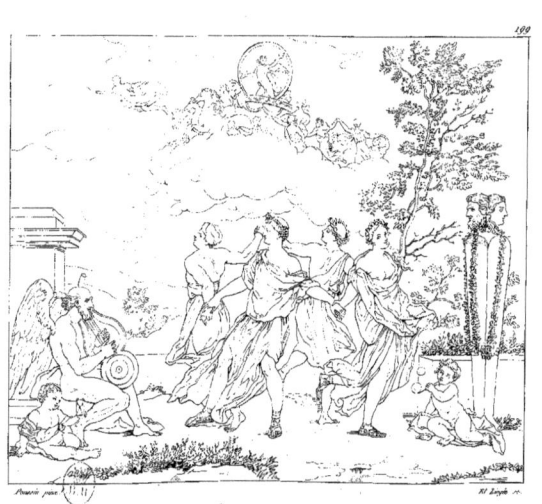

Image de la vie humaine.

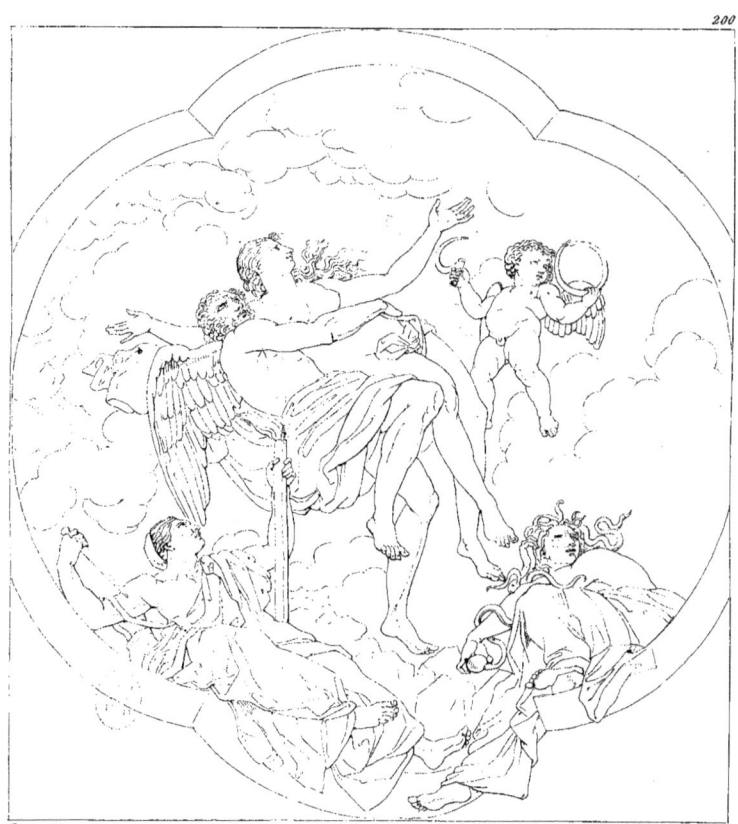

Le Tems arrachant la Vérité à l'Envie et à la Discorde.

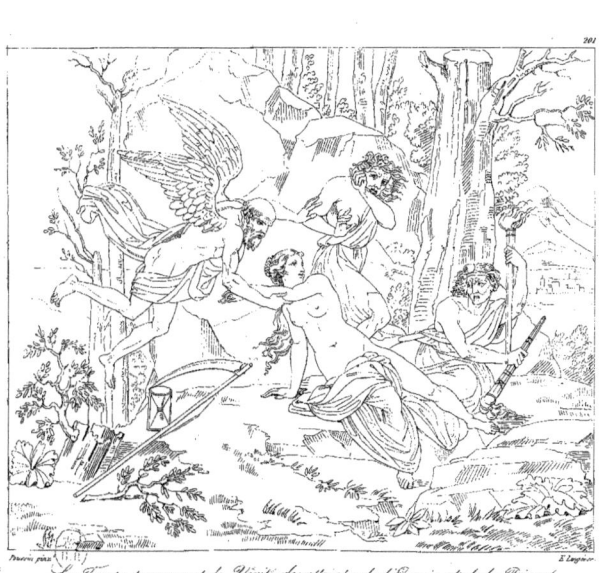

Le Temps préservant la Vérité des atteintes de l'Envie et de la Discorde.

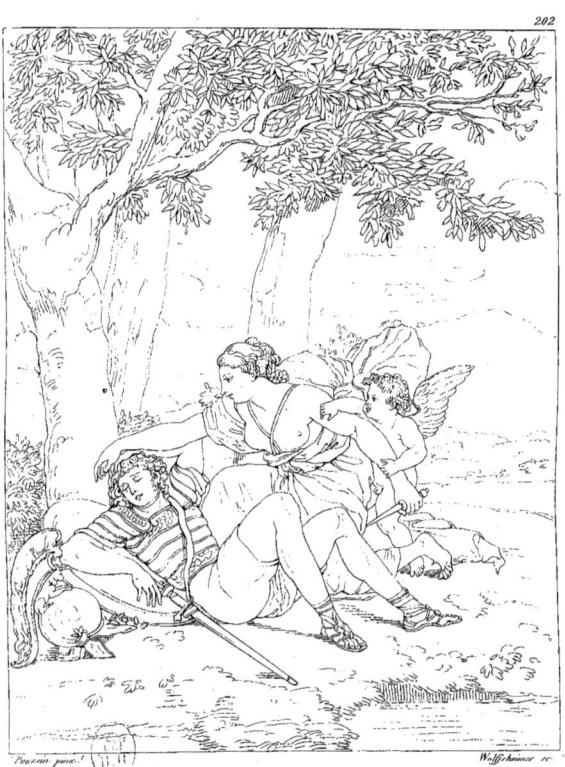

Renaud & Armide.

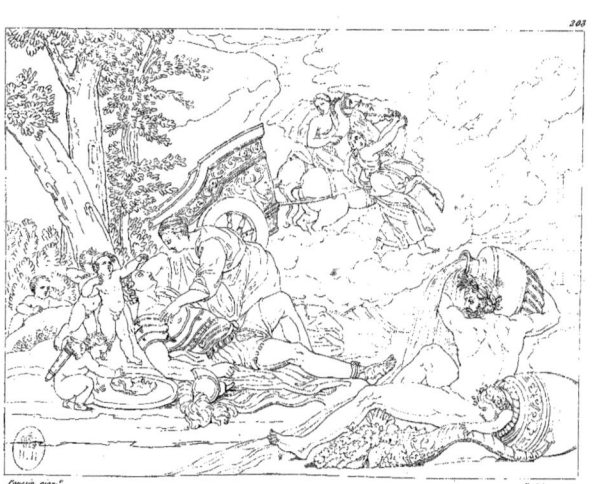

Renaud et Armide.

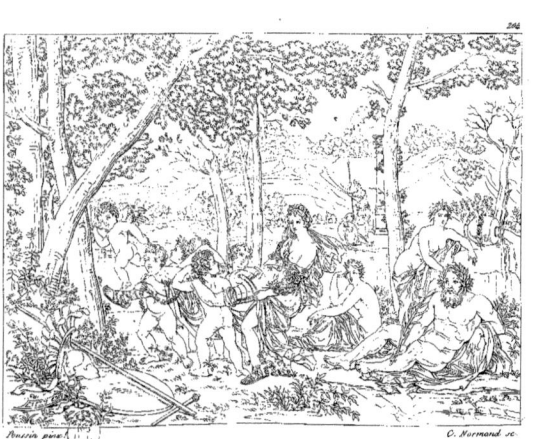

Armide enleve Renaud endormi.

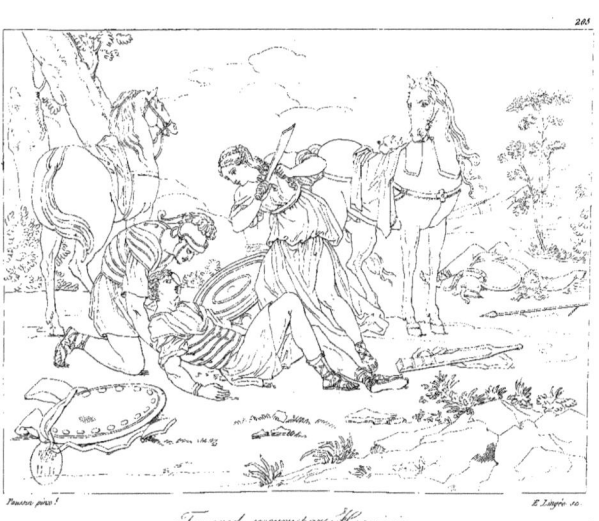

Tancrède secouru par Herminie.

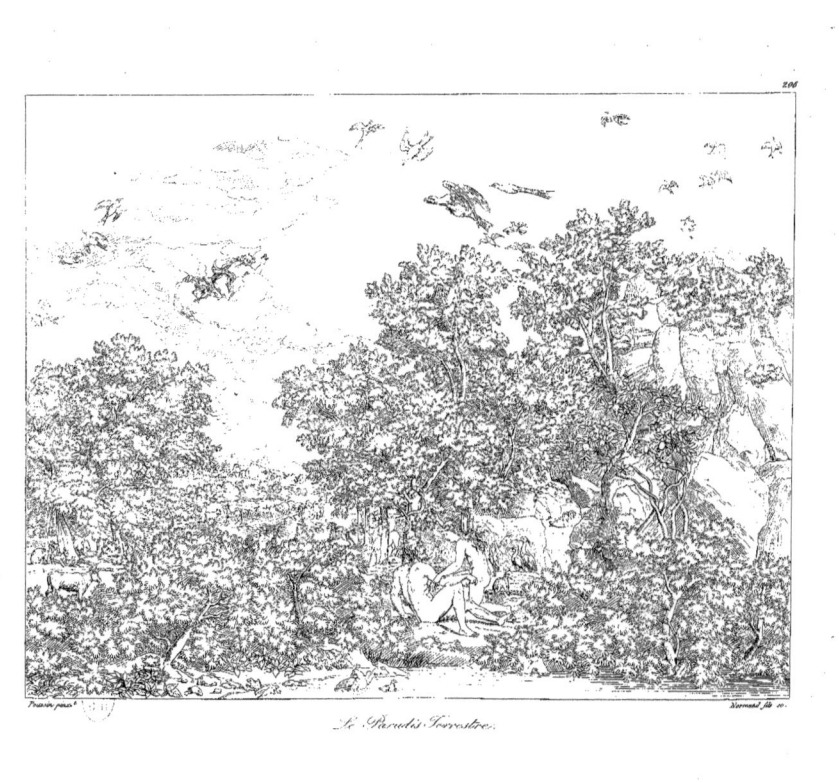

Le Paradis Terrestre.

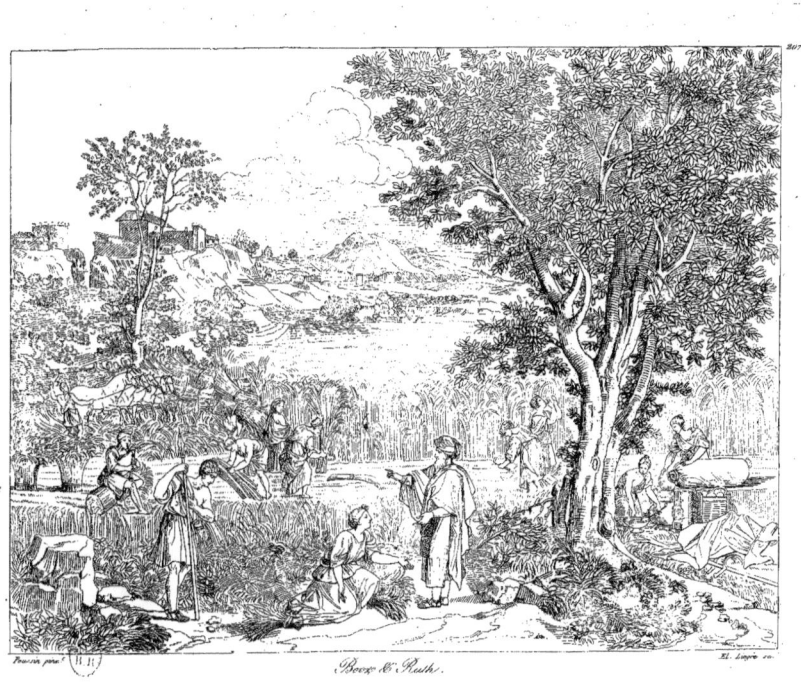
Boaz & Ruth.

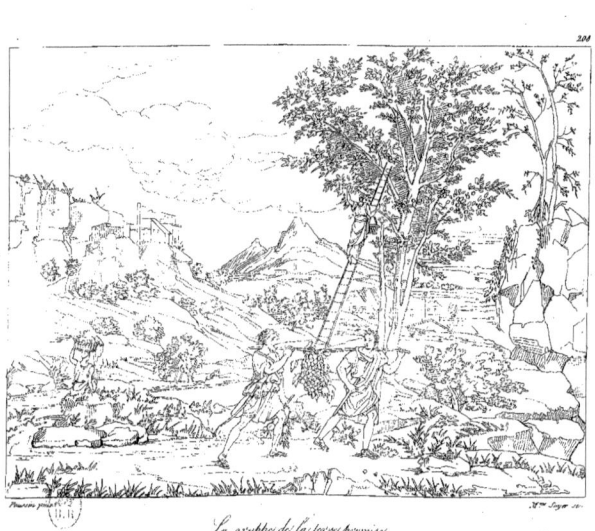

La grappe de la terre promise.

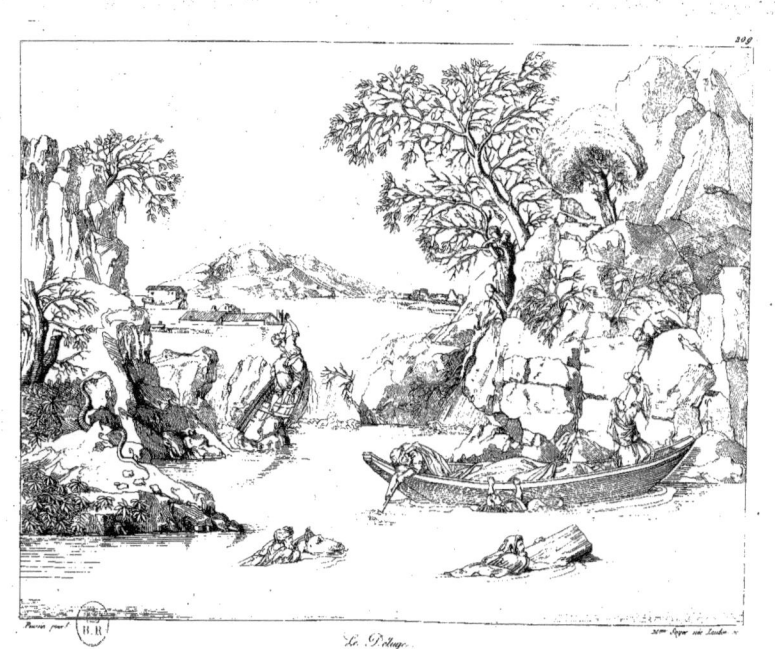

Le Déluge.

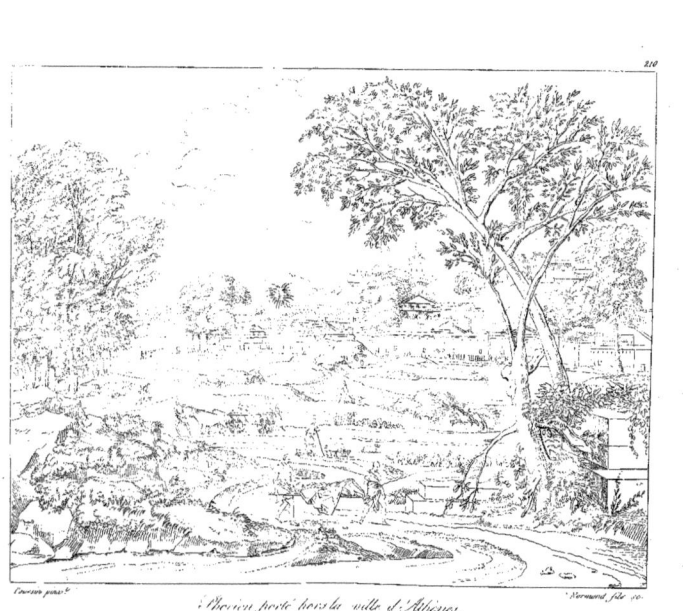

Phocion porté hors la ville d'Athènes.

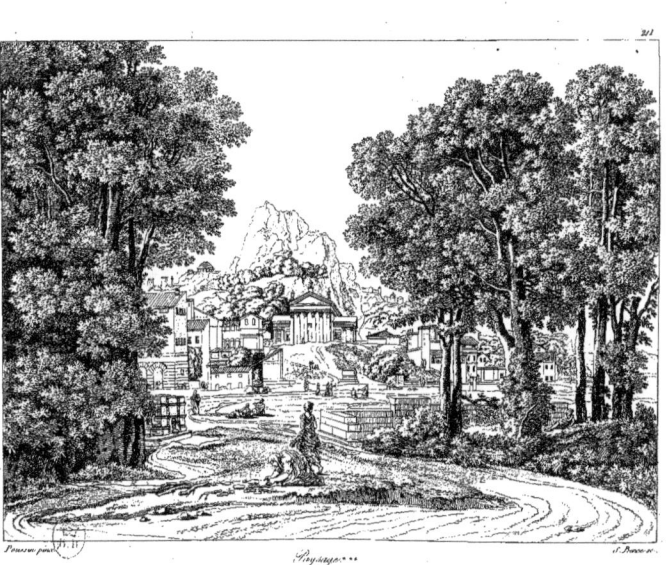

Paysage.

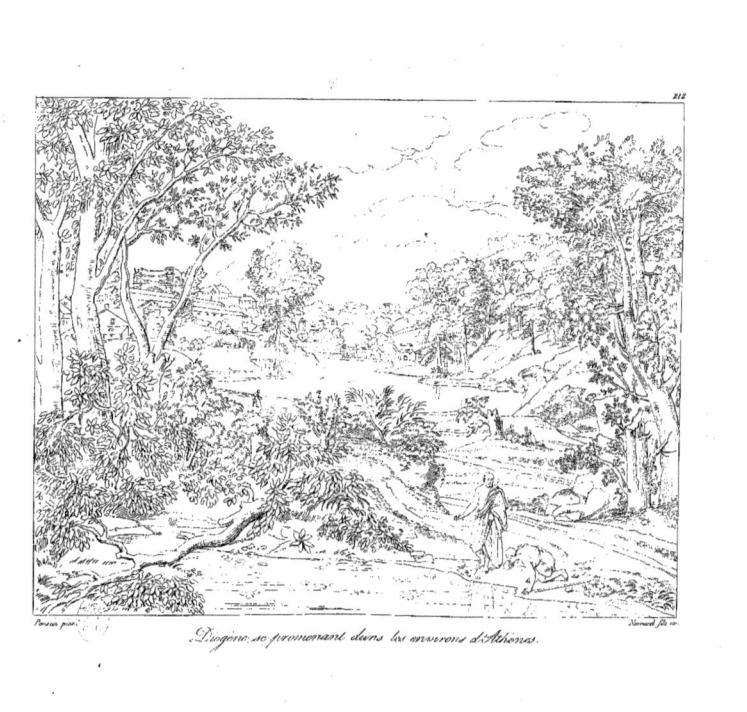

Diogène se promenant dans les environs d'Athènes.

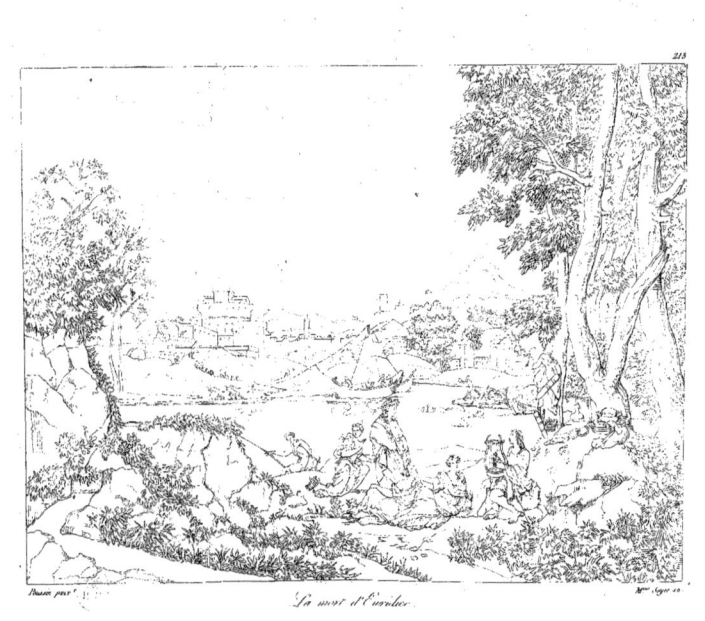

La mort d'Eurydice

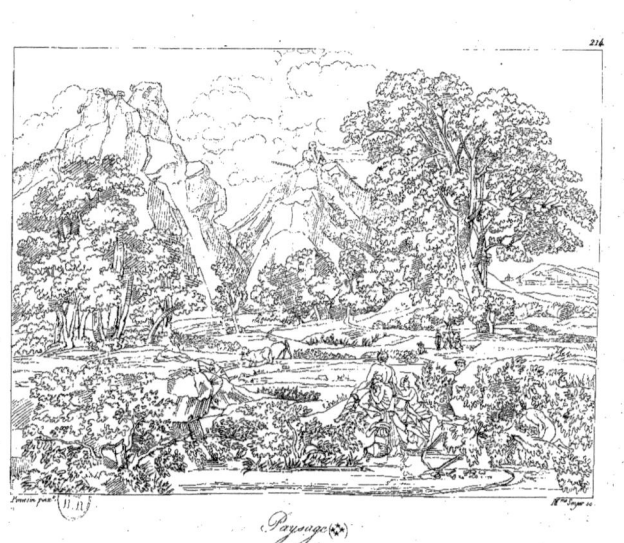

Paysage.

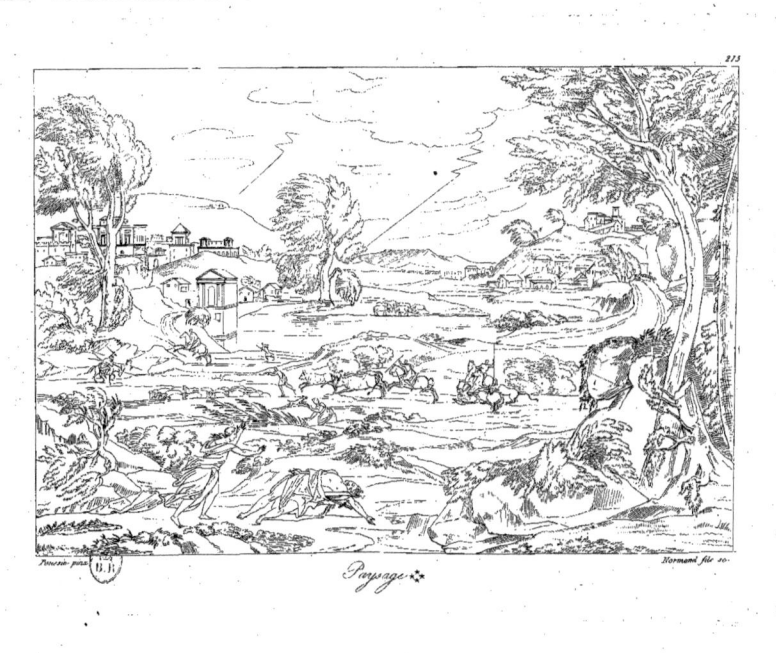

Paysage

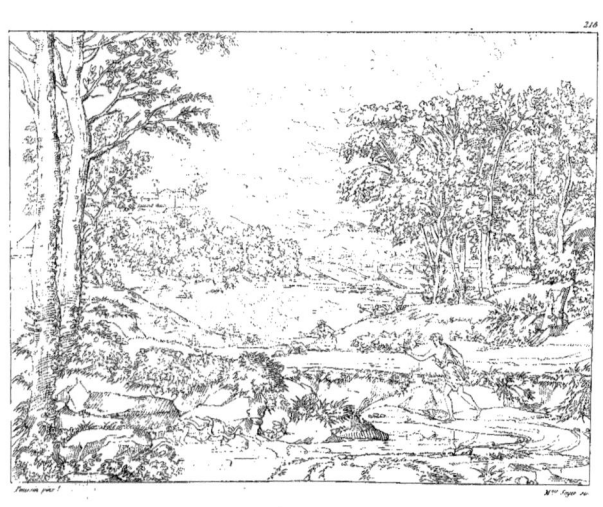

Paysage.

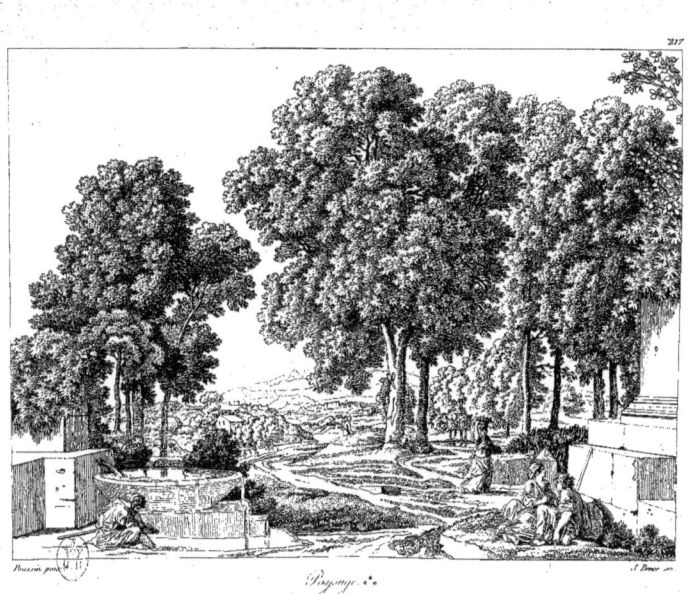

Paysage.

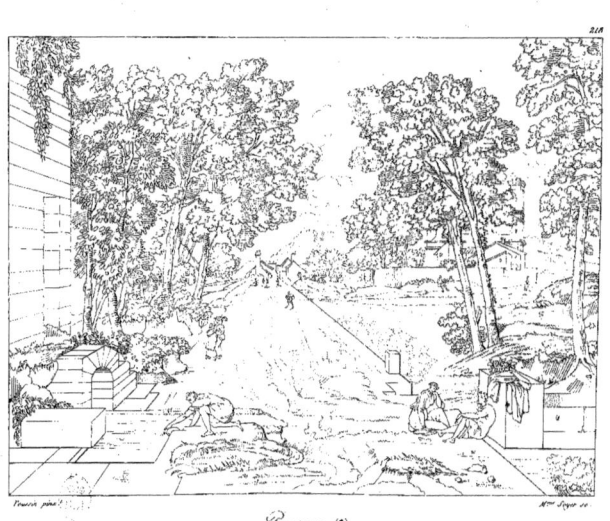

Paysage.

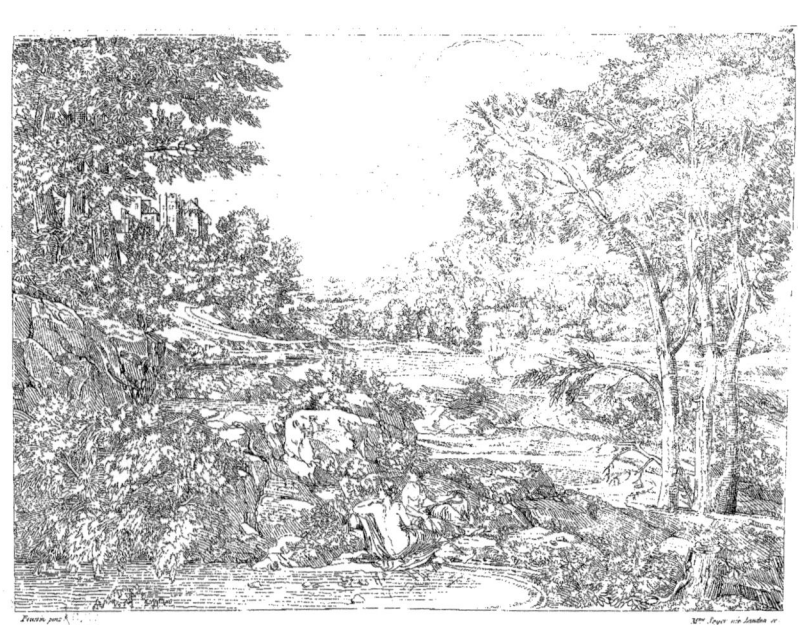

Paysage.

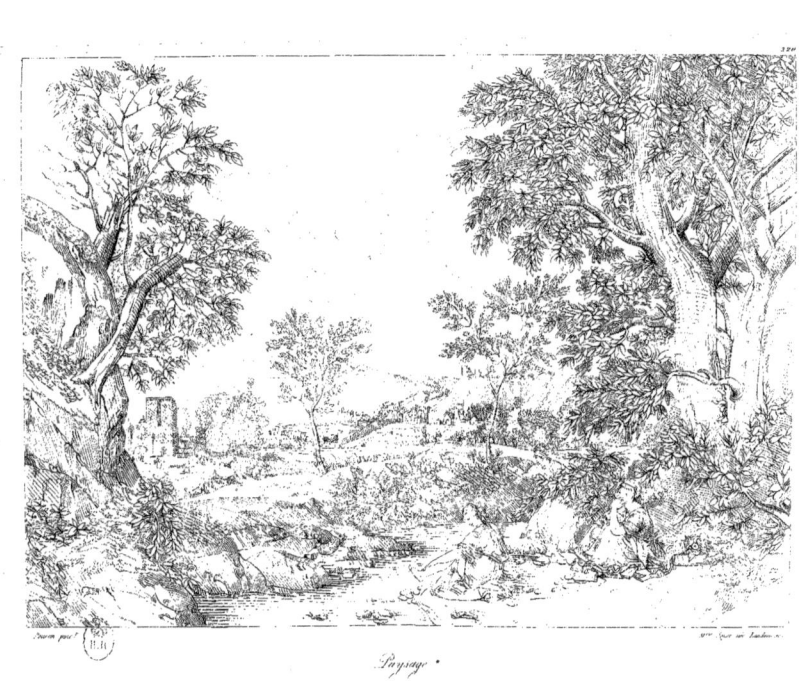

Paysage.

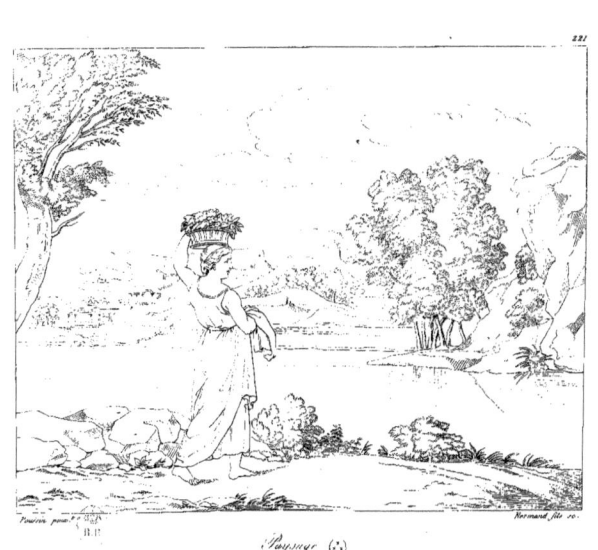

Paysage.

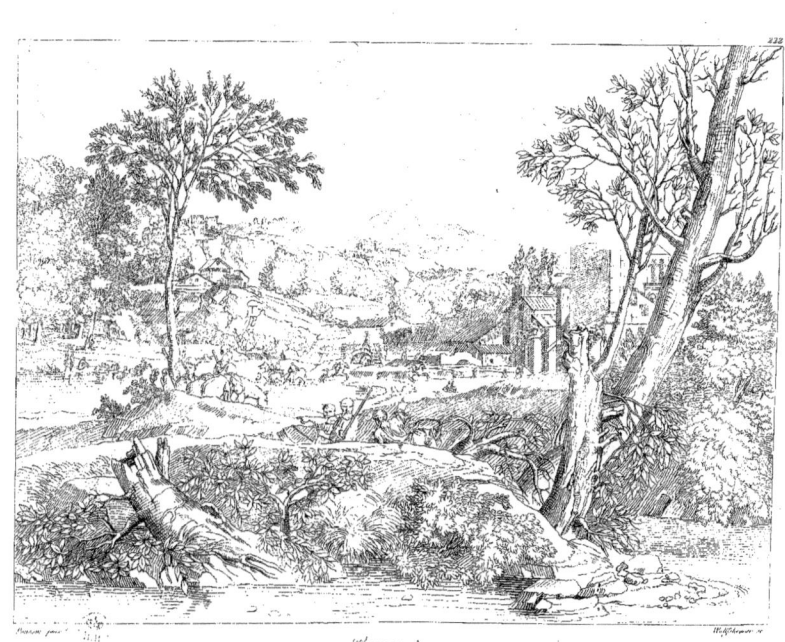

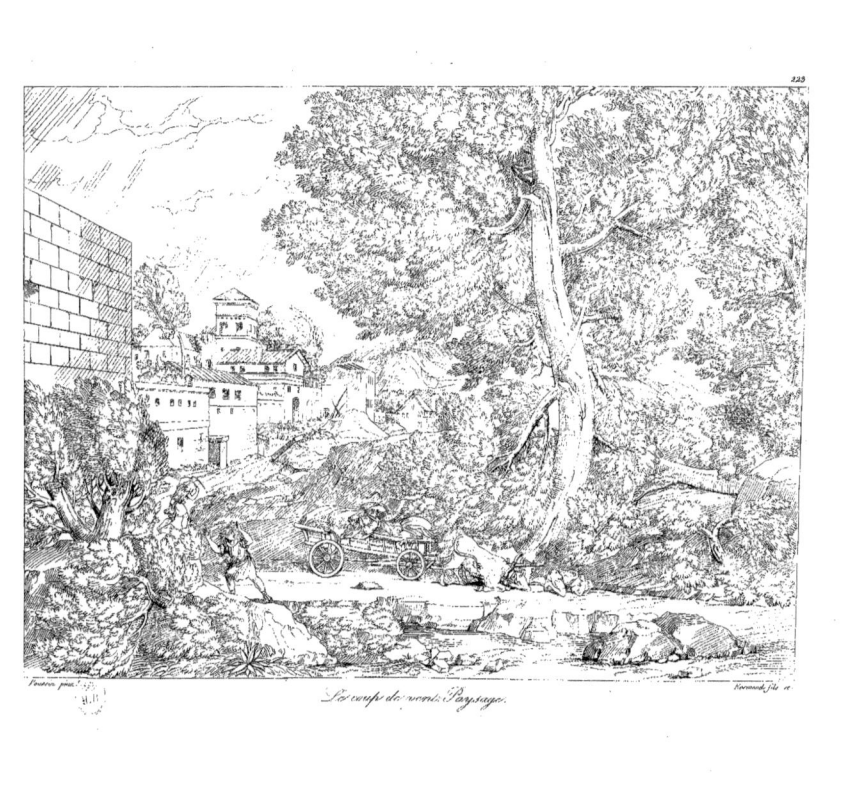

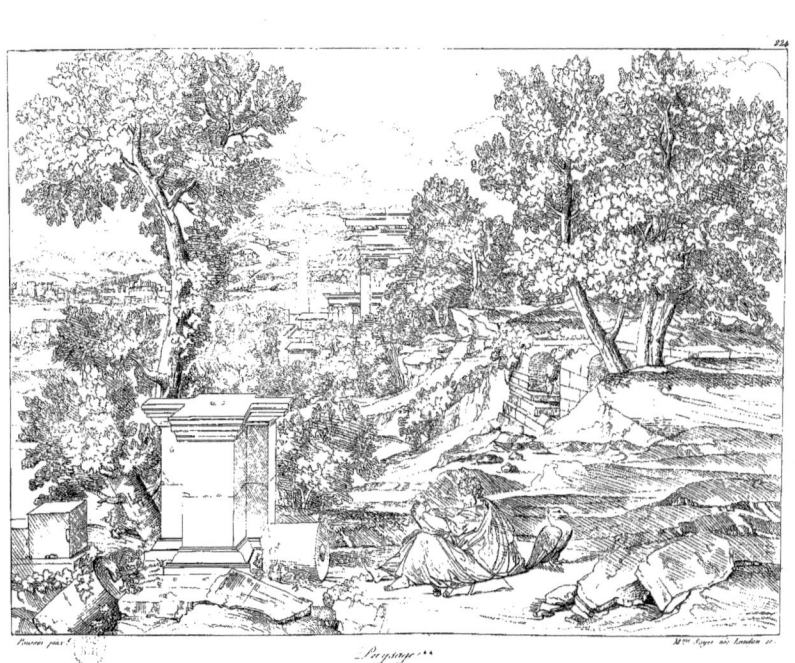

Paysage

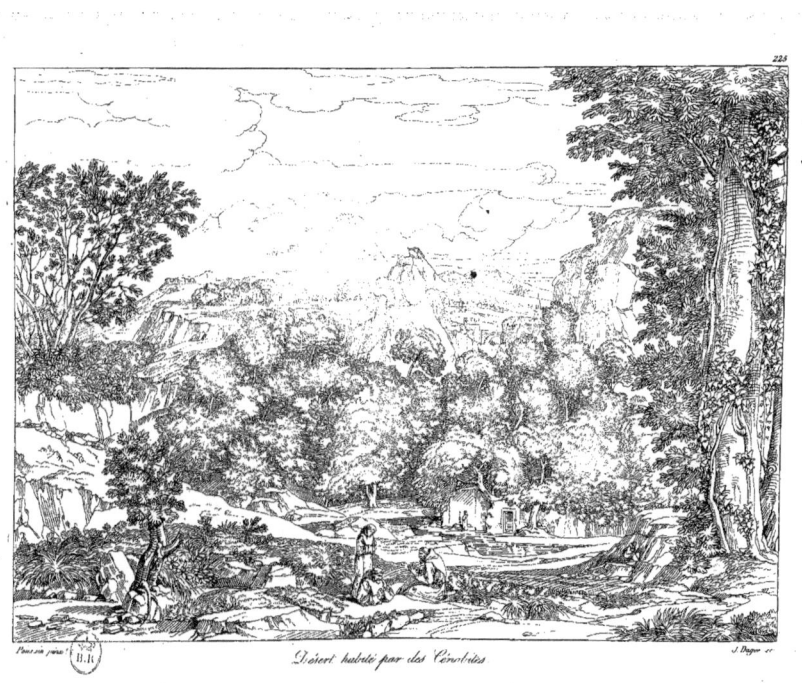

Désert habité par des Cénobites

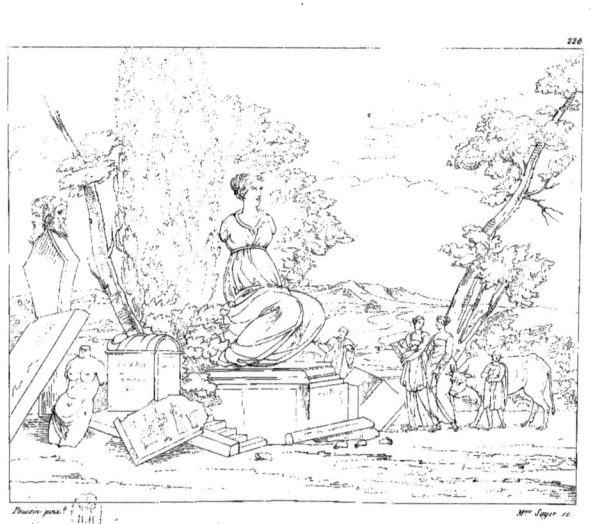

Fragments de Ruines antiques.

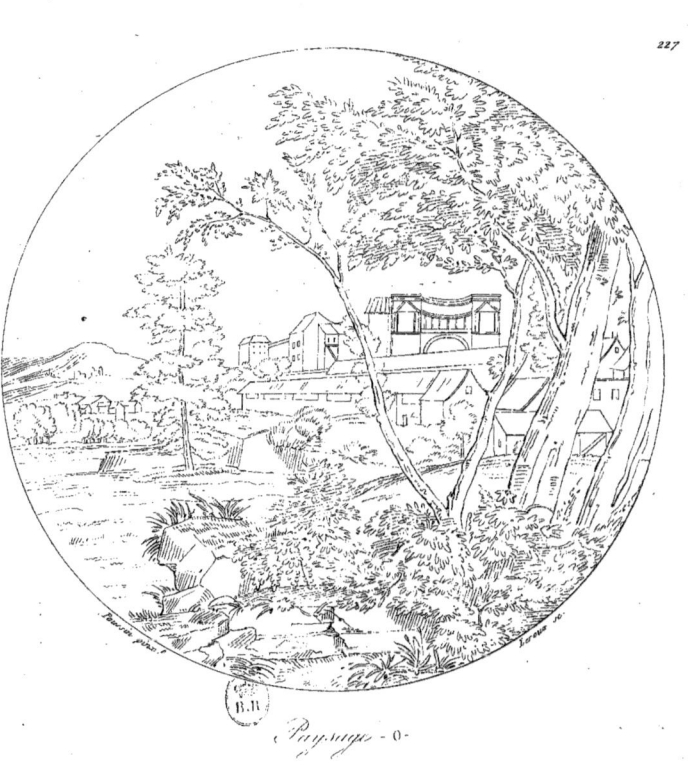

Paysage.

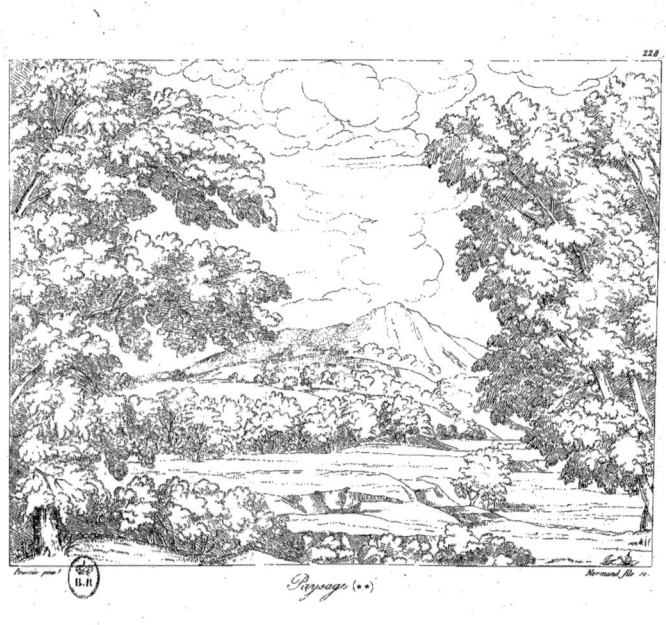

Paysage (**)

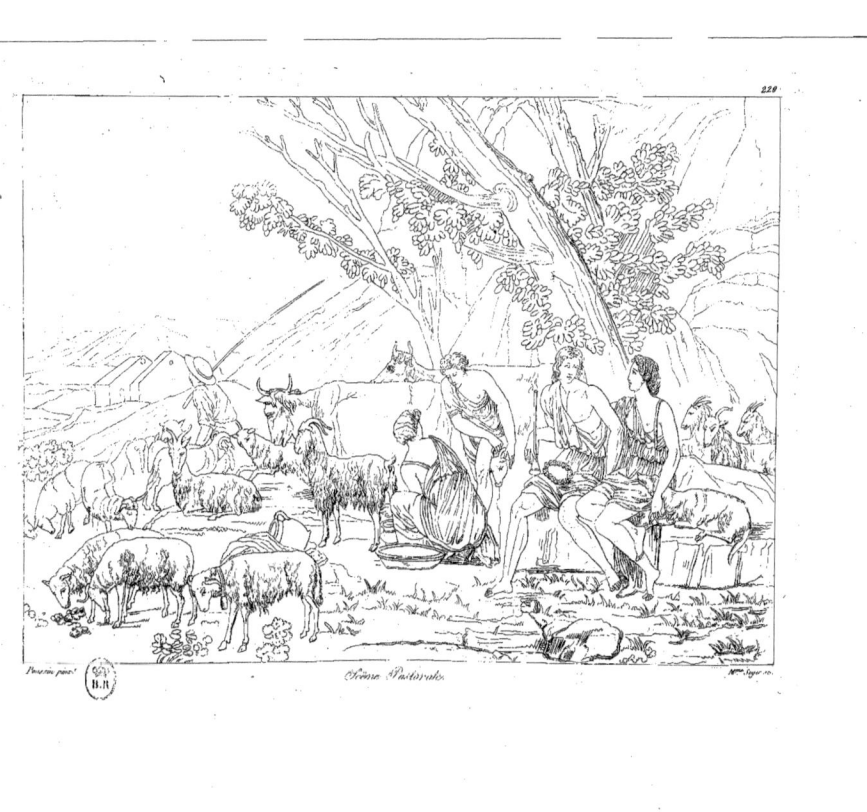

Scène Pastorale.

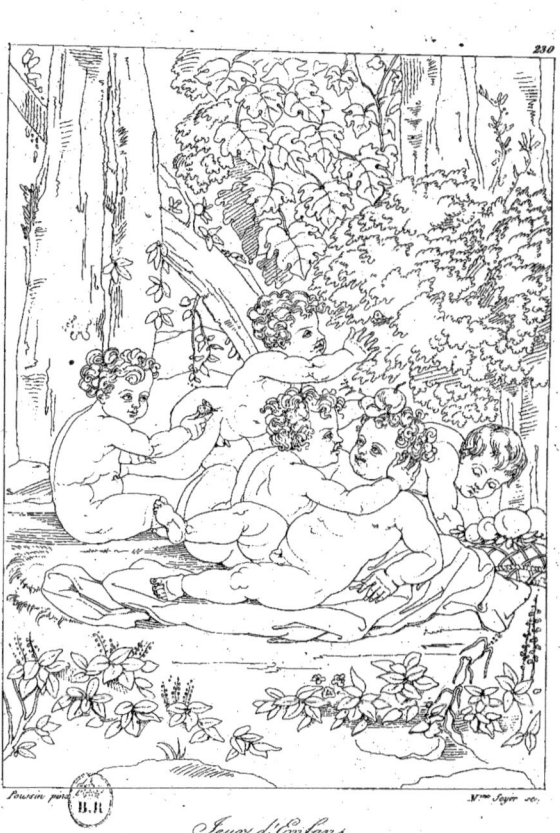

Jeux d'Enfans.

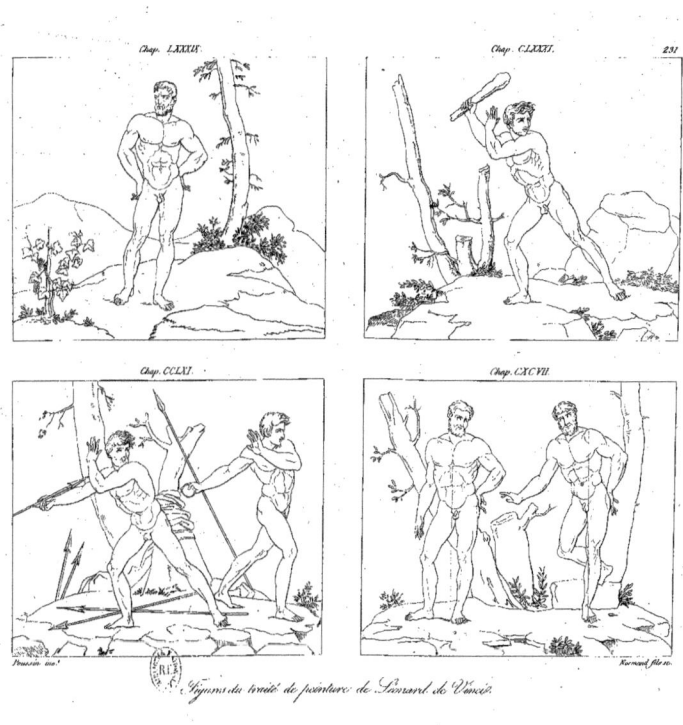

Figures du traité de peinture de Léonard de Vinci.

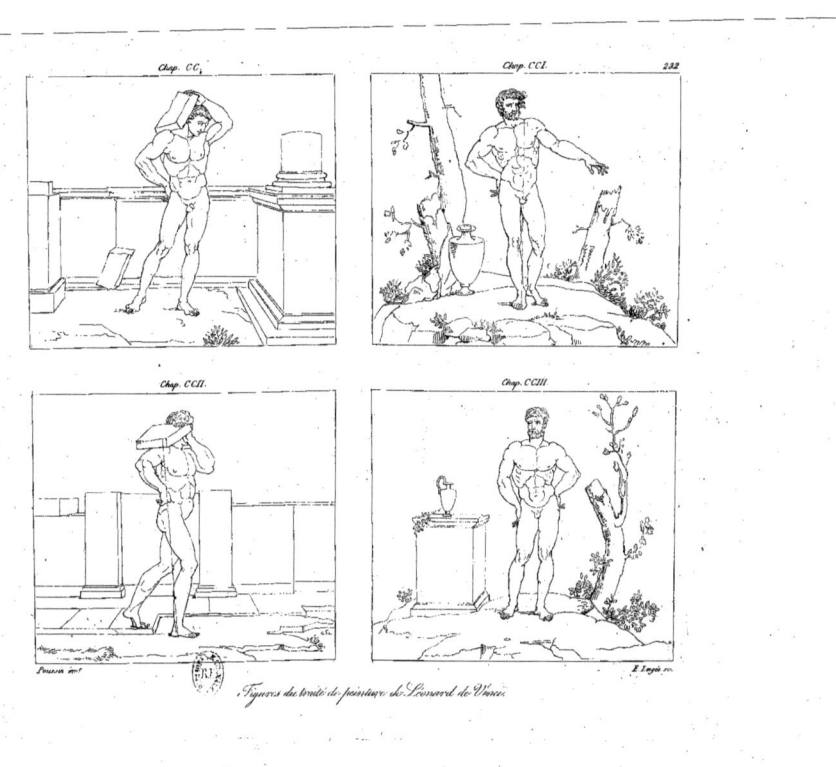

Figures du traité de peinture de Léonard de Vinci.

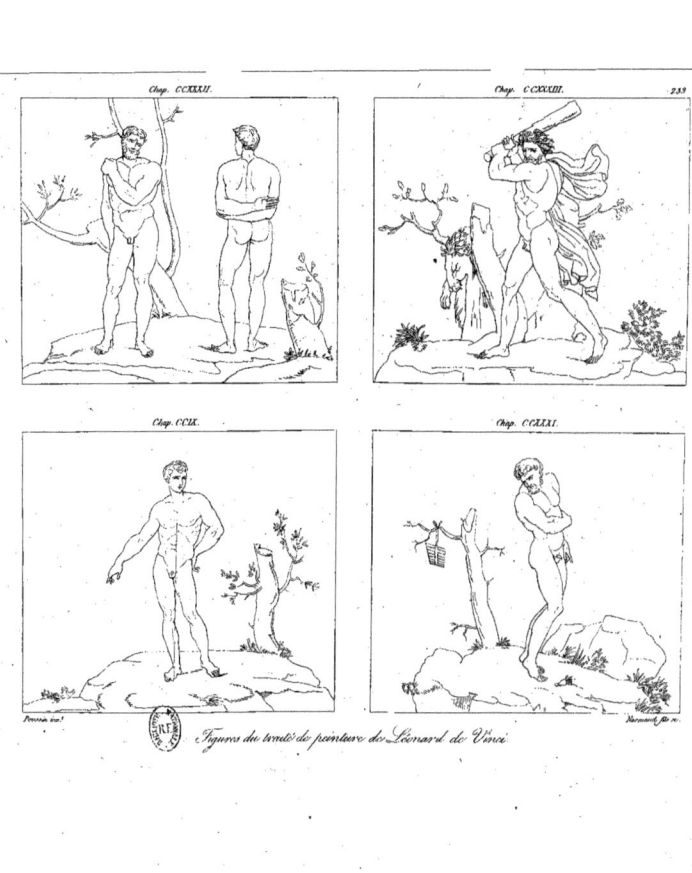

Figures du traité de peinture de Léonard de Vinci.

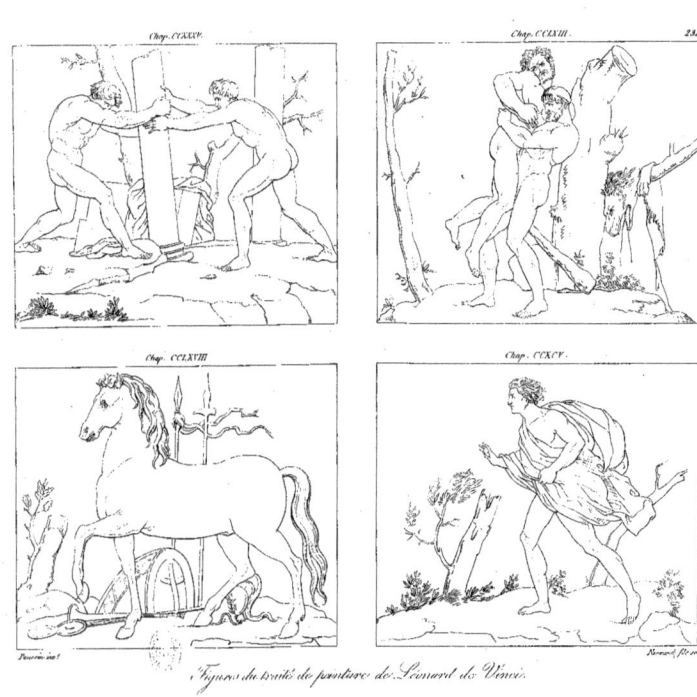

Figures du traité de peinture de Léonard de Vinci.

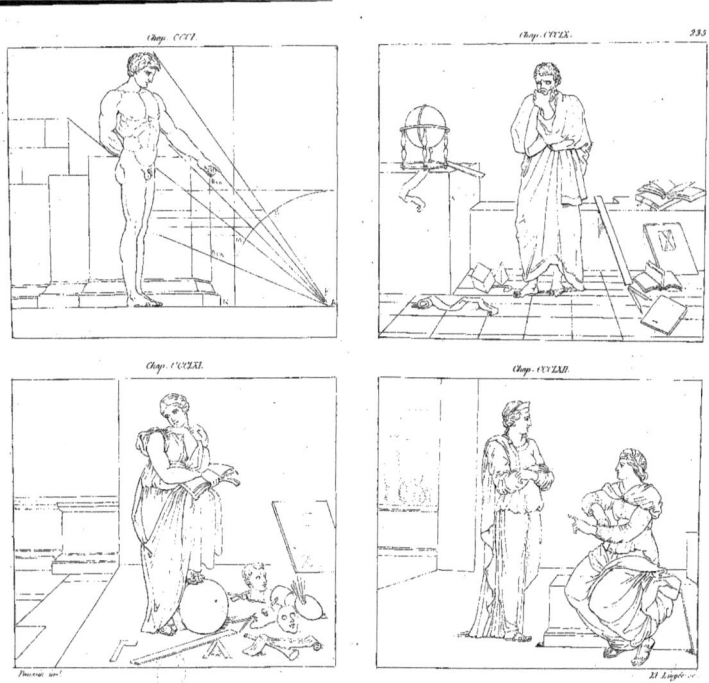

Figures du traité de peinture de Léonard de Vinci.

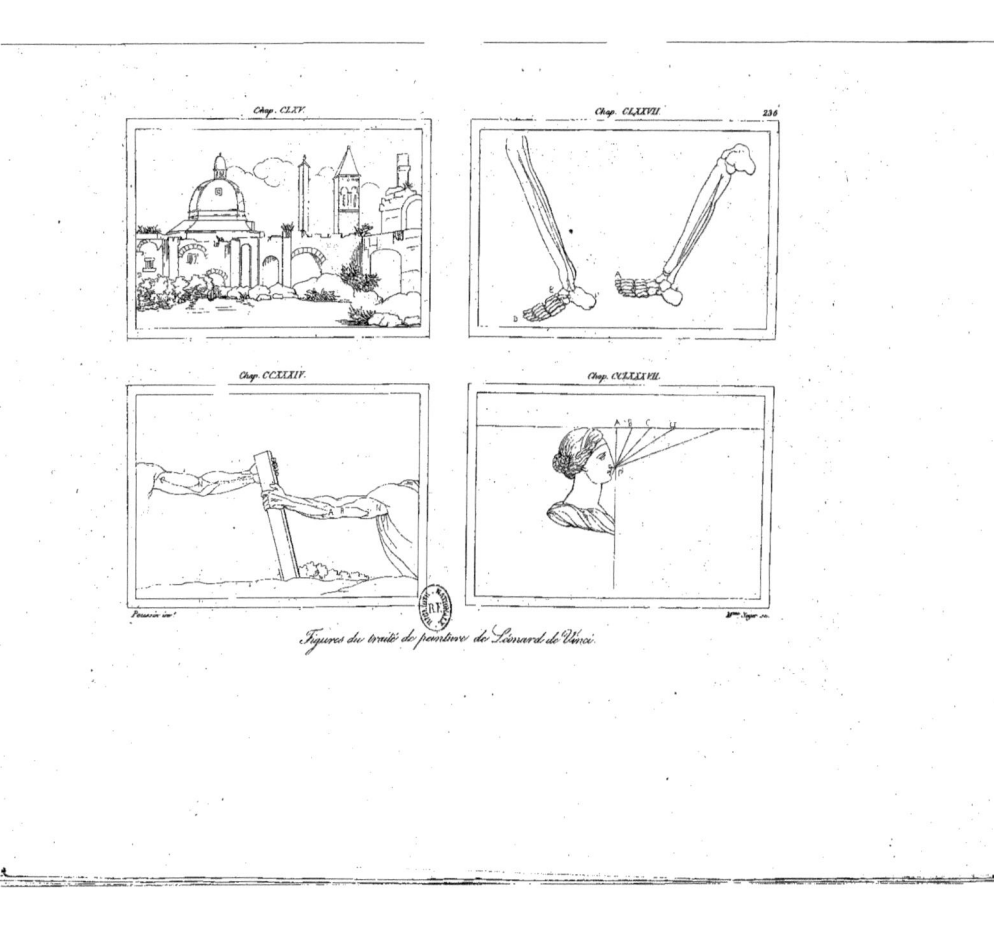

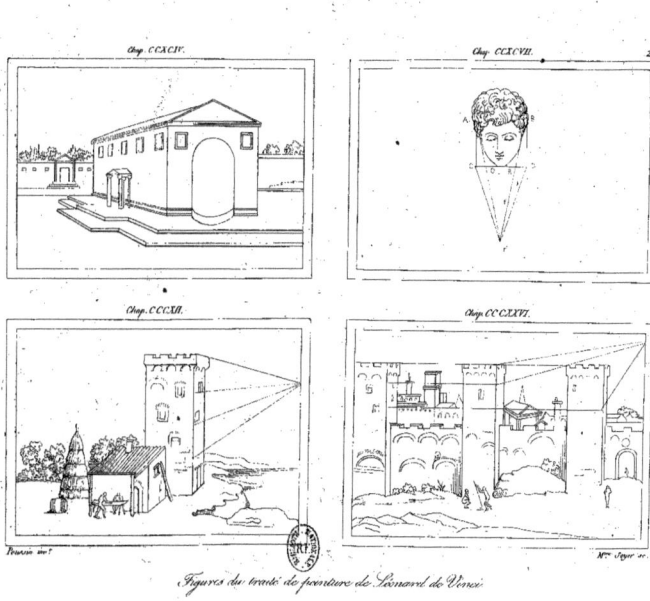

Figures du traité de peinture de Léonard de Vinci.

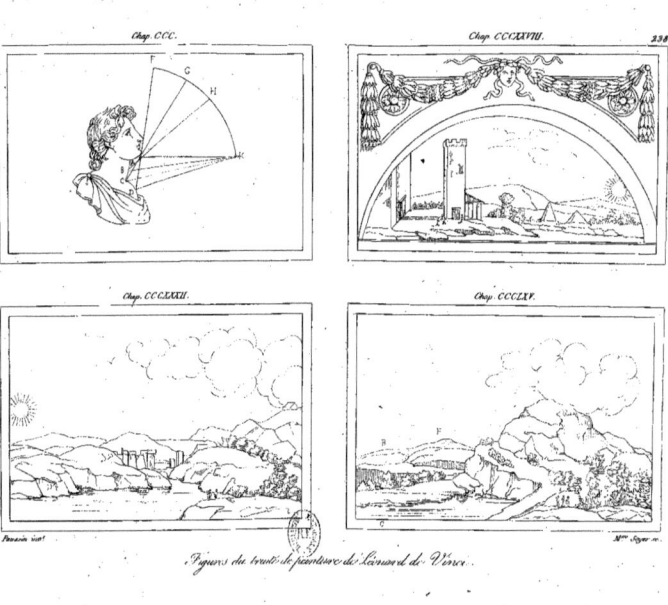

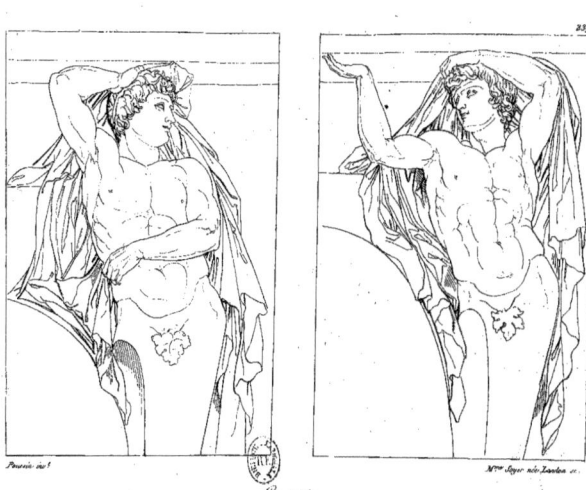

Cariatides.

www.ingramcontent.com/pod-product-compliance
Lightning Source LLC
Chambersburg PA
CBHW050203230526
45470CB00001B/224